降低制度性交易成本的
路径与测算

张学颖　著

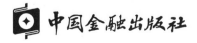
中国金融出版社

责任编辑：曹亚豪
责任校对：潘　洁
责任印制：陈晓川

图书在版编目（CIP）数据

降低制度性交易成本的路径与测算 / 张学颖著．—北京：中国金融出版社，
2020.11

ISBN 978 – 7 – 5220 – 0866 – 0

Ⅰ．①降…　Ⅱ．①张…　Ⅲ．①交易成本—研究—中国　Ⅳ．① F724

中国版本图书馆 CIP 数据核字（2020）第 203314 号

降低制度性交易成本的路径与测算

JIANGDI ZHIDUXING JIAOYI CHENGBEN DE LUJING YU CESUAN

出版
发行　中国金融出版社

社址　北京市丰台区益泽路 2 号
市场开发部　　（010）66024766，63805472，63439533（传真）
网 上 书 店　http：// www. chinafph. com
　　　　　　　（010）66024766，63372837（传真）
读者服务部　（010）66070833，62568380
邮编　100071
经销　新华书店
印刷　北京市松源印刷有限公司
尺寸　169 毫米 ×239 毫米
印张　11
字数　180 千
版次　2020 年 11 月第 1 版
印次　2020 年 11 月第 1 次印刷
定价　36. 00 元
ISBN 978 – 7 – 5220 – 0866 – 0
如出现印装错误本社负责调换　联系电话（010）63263947

前　言

　　2015年底中央经济工作会议作出关于推进供给侧结构性改革的重大战略部署，提出重点做好去产能、去库存、去杠杆、降成本、补短板五项工作，会议要求帮助企业降低成本，包括降低制度性交易成本、企业税费负担、社会保险费、财务成本、电力价格、物流成本等，打出一套"组合拳"。2016年国务院下发《降低实体经济企业成本工作方案》（国发〔2016〕48号），强调开展降低实体经济企业成本工作，是党中央、国务院为有效缓解实体经济企业困难、助推企业转型升级作出的重要决策部署，对有效应对当前经济下行压力、增强经济可持续发展能力具有重要意义。自以习近平同志为核心的党中央提出推进供给侧结构性改革以来，"降成本"一直是供给侧结构性改革的重要抓手。党的十九大报告中提出的具体要求是："大力降低实体经济成本，降低制度性交易成本，继续清理涉企收费，加大对乱收费的查处和整治力度，深化电力、石油天然气、铁路等行业改革，降低用能、物流成本。"2020年初，突如其来的新冠肺炎疫情对我国经济社会各方面带来了前所未有的冲击与挑战，造成了不同程度的影响，企业尤其是中小微企业面临较大困难。2020年5月22日，《政府工作报告》提出"加大宏观政策实施力度，着力稳企业保就业"，尽力帮助企业特别是中小微企业、个体工商户渡过难关。

　　制度性交易成本，是指企业遵循各种法律、法规、规章、制度、政策等需要付出的成本。降低制度性交易成本有利于增强企业创新能力、提高供给质量与效率、改善供给结构，最终提高全要素生产率。当前我国企业运行面临不少制度性成本压力，主要包括以下几个方面：一是地域分割和行业垄断依然存在，公平竞争市场环境建设有待加强，地方自行制定的影响统一市场形成的限制性规定尚未清除，垄断行业竞争性环节还未放开。二是"放管服"改革有待进一步深化，为企业创造更好的营商环境。简政放权、放管结合、优化服务要同步推进，为企业提供优质的公共服务和公共产品。三是社会信用体系建设有待完善，知识产权保护有待加强，要利用好全国信用信息共享平台及企业信用信息公示系统，加强信用信息归集、共享、公开和使用。四是贸易便利化水平仍需进一步提升，要全面推广国际贸易"单一窗口"，推进口岸管理相关部门信息互换、监管互认、执法互助，对信用记录良好的企业适当降低出口商品查验率，进一步降低企业货物的通关成本。五是国有企业办社会职能亟待加快剥离，历史遗留问题亟待解决。减轻企业负担，要建立政府和国有企业合理分担成本的政策机制，坚持分类指导、分步实施，多渠道筹措资金，加快剥离国有企业办社会职能。

本书是国家发展改革委经济运行调节局"降低制度性交易成本的潜力测算和实施路径"课题的研究成果之一，章节安排如下：

第一章　介绍制度性交易成本的内涵，梳理制度性交易成本的形成和演变、相关概念及内涵界定。

第二章　介绍降低制度性交易成本的相关理论研究。本章从国内、国外两个视角，总结梳理了关于降低制度性交易成本的理论研究，以期为实践应用提供理论参照。

第三章　从降低企业成本、提高企业创新能力、提升企业国际竞争力、推进制造强国建设、优化营商环境、落实供给侧结构性改革、推动经济高质量发展七个方面对降低制度性交易成本的作用进行探究。

第四章　产业的制度性交易成本是指各类产业所属企业遵循政府的各项制度和各种事权进行市场交易过程中所产生的那部分成本。本章主要围绕三次产业的制度性交易成本进行探究。

第五章　围绕中央与地方出台的相关政策，结合各地区的实际情况，对降低制度性交易成本的具体实践作出进一步探讨，并通过对东部地区、中部地区、东北地区和西部地区进行考察，分析了分区域的降低企业制度性成本。

第六章　基于实地调研和前期调查问卷分析，深入剖析降低制度性交易成本的政策效果与潜力。

第七章　从实地调研、政策落实和压实责任的视角，就如何统筹未来发展、挖掘技术红利、提升运营效率、最大限度地提高政府服务质量及降低企业制度性交易成本等方面，提出降低制度性交易成本的政策建议。

在本研究工作中，随志宽、李阳、郭晓萧、周海川、李历铨、王庆德、周雨、毕钰等同志参与了相关资料的搜集、整理与校对工作，在此对他们的辛勤付出表示感谢。同时，也感谢中国金融出版社在本书出版过程中给予的大力支持。

目　录

第一章　制度性交易成本的内涵

第一节　制度性交易成本的由来

制度性交易成本的理论基础主要来源于交易成本（transaction costs），又称交易费用。交易成本是新制度经济学的核心范畴，其思想起源于新制度经济学代表人物科斯（R.H. Coase），他在《企业的性质》一文中提出，为了进行市场交易，有必要发现和谁交易，告诉人们自己愿意交易及交易的条件，要通过谈判、讨价还价、拟定契约、实施监督来保障契约的条款得以按要求履行等。[①] 随后，科斯在《社会成本问题》一文中提出，交易费用应包括度量、界定和保障排他性权利的费用，发现交易对象和交易价格的费用，讨价还价、订立交易合同的费用，督促契约条款严格履行的费用等。[②] 肯尼斯·阿罗（K. Arrow）是首位提出"交易成本"这一术语的人，他认为交易成本是经济制度运行的费用，包括制度的确立、运转、监督成本等，如果考虑到制度本身的创新或变革，则还有制度变革的成本，因为需要开展诸如劝说、宣传、对旧制度既得利益者的保护或对受损者的补偿等，这些都构成了制度变革成本。[③]

科斯等人关于交易费用的定义过于抽象和宏观。威廉姆森（Oliver Williamson）在以往研究的基础上，从契约的角度出发，对交易费用进行了更加形象化、系统化的界定。他广泛考察和研究了资本主义的各种主要经济制度，包括市场组织、对市场的限制、工作组织、工会、现代公司（包括联合企业与跨国公司）、公司治理结构、垄断与反垄断和政府监管等，并开创性地把交易

---

① 罗纳德·哈里·科斯.企业、市场与法律［M］.上海：格致出版社，上海三联书店，上海人民出版社，2009.

② Coase R H. The Problem of Social Cost ［J］. Journal of Law & Economics，1960，3（4）.

③ Arrow K J. The Organization of Economic Activity：Issues Pertinent to the Choice of Market versus Non-market Allocation ［R］. The Analysis and Evaluation of Public Expenditure：The PPB System US Joint Economic Committee，91st Congress，1969.

成本的概念应用到对各种经济制度的比较和分析中，建立了一个全新的分析体系。①1985年，威廉姆森进一步将交易成本划分为事前、事后两类，即签约、谈判、保障契约等事前交易成本与契约不能适应所导致的事后交易成本。从交易成本角度分析，受制于有限理性，人们无法完全预测未来，加上交易双方信息的不对称性，使得交易双方倾向于通过签订契约来保障自身利益，进而归纳出有限理性、投机主义、不确定性与复杂性、专用性投资、信息不对称、气氛六项交易成本因素。②

诺斯（Douglass C. North）在交易费用理论和人类行为理论基础上建立了一套完整的制度分析及制度变迁理论框架，撰写完成了经济学经典名著《制度、制度变迁与经济绩效》（1990），随后不断深化和改进其制度变迁理论。例如，提出了三个降低交易费用的关键因素，分别是那些使"非人际关系化交换"得以可能和可行的市场制度的出现，政府保护和实施产权的信念的确立，以及现代科技革命所带来的收益的增加；③提出了由于交换各方所拥有的信息是有代价和非对称性的，因此，随着分工的增加和非人际关系化交换的不断扩展，交易费用也会增加；在诺斯晚年时期，他越来越重视人们的信念、认知、心智构念和意向性在人类社会制度变迁中的作用。④

张五常是将新制度分析系统地运用到中国经济问题研究的第一人，他给交易费用下了一个相当宽泛的定义，认为除了生产性部门在生产过程中直接出现的成本之外，所有能够想象到的其他成本都可以定义为交易费用，例如律师、审计师、顾问、金融机构从业者、警察、经纪、企业家、经理、职员、保姆等服务行业和政府部门工作人员的收入。⑤2008年，张五常解释了对交易费用进行广义范畴定义的动机，即在实践中难以将不同类型的交易费用完全区分开来，但从实际的使用角度来说，过于广泛的内涵也使得其定义的交易费用在具体的

---

① 李志强. 现阶段中国市场流通费用及交易成本研究［J］. 科学经济社会，2011（12）.

② Williamson O E. The Economic Institutions of Capitalism. Firms，Markets，Relational Contractin［J］. Social Science Electronic Publishing，1985，32（4）：61-75.

③ 韦森. 经济理论与市场秩序［M］. 上海：上海人民出版社，2009.

④ 诺斯. 制度、制度变迁与经济绩效［M］. 杭行，译；韦森，译审. 上海：格致出版社，上海三联书店，上海人民出版社，2014.

⑤ 张五常. 交易费用的范式［J］. 社会科学战线，1999（1）.

应用与测度上存在着一定的困难。[①]

由以上分析可知，新制度经济学家仍未就交易成本的概念达成一致。诺斯也指出，交易费用方法只是在认同交易成本重要性上是一致的，而在其他方面还远未统一起来。[②]但是，交易成本分析方法及相关理论的提出，让我们更深刻地理解了经济运行不仅受制于生产成本，还受制于交易成本，交易成本反映了人与人之间的关系，它的大小能够影响经济生活的组织方式和运行效果。[③]交易成本理论、新制度经济学理论等为我国经济交易效率、经济运行成本研究提供了完整的分析框架，对如何降低交易成本、提高整个社会绩效提供了理论指导，这对于我国在经济新常态下，明确降低制度性交易成本的目标和路径，以及衡量其实施效果具有非常重要的现实意义。近年来，随着国内外形势的变化，我国经济下行压力不断增大，实体经济成本高企、利润下滑等问题突出，部分行业企业经营困难加重。为降低企业成本，2015年底，中央经济工作会议首次提出要降低制度性交易成本，随后该问题数次被中央经济工作会议和《政府工作报告》提及，国务院印发的《降低实体经济企业成本工作方案》也明确将降低制度性交易成本作为降低企业成本的六大任务之一，强调要以优化营商环境为引领，通过"放管服"等一系列改革，压缩各类行政审批前置中介服务事项，实现3年内制度性交易成本明显降低。从此，以供给侧结构性改革为主线，以降低制度性交易成本为手段，推动经济高质量发展就成了社会各界普遍关注的热点问题。

第二节　制度性交易成本的概念及构成

制度性交易成本不仅是理解中国正确处理政府与市场关系的重要线索，也是反映地区间企业税费负担、进入管制水平等制度差异的重要来源。[④]自中央经济工作会议提出"要降低制度性交易成本"以来，国内学界及政界从不同角度

---

① 张五常. 新制度经济学的现状及其发展趋势［J］. 当代财经，2008（7）.
② 诺斯. 制度、制度变迁与经济绩效［M］. 刘守英，译. 上海：上海三联书店，1990.
③ 董全瑞. 制度性交易成本及其中国实践成效分析［J］. 理论导刊，2017（5）.
④ 朱旭峰，张友浪. 创新与扩散：新型行政审批制度在中国城市的兴起［J］. 管理世界，2015（10）.

进行了深入广泛的研究和实践，不断扩展制度性交易成本概念的内涵。

1. 广义视角的制度性交易成本

董全瑞（2017）[①]整合了交易成本特别是制度性交易成本的一般理论，梳理出降低交易成本的改革思路，并通过回顾近年来降成本改革的成效，进一步提出降低制度性交易成本的目标及路径，并将交易成本从广义上分为三个方面：政治型交易成本、市场型交易成本和管理型交易成本。其中，政治型交易成本为政治体制中制度框架运行和调整所涉及的成本，主要包括建立和维护体制与框架的成本、政体运行的成本以及政党或工会试图加入治理决策中所产生的成本。市场型交易成本是指参与市场所产生的成本，主要包括搜寻信息成本、由于处理信息而产生的成本、决策成本、产品监督和执行成本。管理型交易成本是由企业内部发号施令产生的成本，包括建立、维持或改变一个组织涉及的成本，组织运行的成本，与制定决策、监管命令的执行、度量工人的绩效有关的成本，代理成本以及与有形产品和服务在可分的技术界面之间转移的成本等。制度性交易成本在本质上主要属于政治型交易成本，主要是指由政府各项政策与制度所带来的成本，也可以理解为是属于企业自身经营性成本以外的，并且受制于政府制度性安排的外部成本。

程波辉（2017）[②]对制度性交易成本和制度成本进行了区分。他认为制度性交易成本是企业因使用各类公共制度而支付的成本，如国家的宏观调控制度、产权制度、税费制度、融资制度等各层次的制度。它是属于企业自身经营性成本以外的、受制于政府制度性安排的外部成本。而制度成本中的"制度"不仅指公共制度或是政府制度性安排，也包括交易双方订立的合约等私人制度。这些制度在一定范围内能协调和规范交易秩序，不需要政府的介入。因此，从概念范畴上看，制度性交易成本是制度成本的一部分，是广义交易成本的一个子集。之后，他根据对降低企业制度性交易成本内涵的理解，总结了目前我国降低企业制度性交易成本工作面临的主要问题，包括政商关系畸形发展、权力下放执行阻滞、降低企业税负困难、评估检测乱象频生等。这需要分别从重构新型政

---

① 董全瑞.制度性交易成本及其中国实践成效分析［J］.理论学刊，2017（5）.
② 程波辉.降低企业制度性交易成本：内涵、阻力与路径［J］.湖北社会科学，2017（6）.

商关系、推进权力下放落实、着力降低企业税负、优化评估检测制度等路径进行思考。

以上学者均认为，企业所有的成本都与政府管制有关，土地、原材料、人力、能源、物流、融资等虽是市场化的生产要素，但政府管制却会导致其价格扭曲；税费及行政审批带来的成本则直接与政府管制有关。当前，通过一系列简政放权措施，由行政审批带来的制度性交易成本大大减少，但企业税费负担较重、融资成本高昂、物流成本居高不下仍未得到根本改观，而制度是这些成本形成的重要因素之一。这种观点几乎把企业生产经营各个环节的成本都纳入制度性交易成本之中，是广义视角的制度性交易成本。[①]

2. 狭义视角的制度性交易成本

在具体实践中，主要采用的制度性交易成本的概念是从狭义视角定义的。2016 年，国务院出台的《降低实体经济企业成本工作方案》，明确提出将制度性交易成本与税费负担、融资成本、人工成本、能源成本、物流成本一起列为降低企业成本的六大任务。由此可见，在我国的具体操作中，制度性交易成本和税费负担等成本是并列关系，而非包含关系。

孙裕增（2016）[②]结合全国及浙江的发展实践指出，制度性交易成本是政府制定的各种制度工具所带来的成本。换言之，企业在遵循政府制定的一系列规章制度时所需付出的成本，如各种税费、融资成本、交易成本等都属于制度性成本。经济、时间和机会等各种成本蕴含于制度执行过程中。体制改革对降低制度性交易成本具有显著绩效，同时也存在巨大创新空间。根据多年的政策实践，制度性交易成本主要通过资源利用许可、行政奖励或处罚、行政征收、行政确认、市场环境影响等方式，对实体经济、虚拟经济和社会治理产生激励或约束作用。

国家发展改革委宏观经济研究院课题组（2017）[③]在分析降低实体经济企业成本的经济学含义时，将"降低企业成本"的经济含义和核心要义概括为：降低制度性交易成本、调整收入分配关系和推动技术进步，其本质是交易成本的

① 武靖州. 制度性交易成本治理之道研究［J］. 中国物价，2018（3）.
② 孙裕增. 制度性交易成本演变与改革路径［J］. 浙江经济，2016（23）.
③ 国家发展改革委宏观经济研究院课题组. 降低实体经济企业成本研究［J］. 宏观经济研究，2017（7）.

降低。通过对我国实体经济企业成本的基本判断以及分析我国实体经济企业成本（主要包括能源材料成本、生产要素成本、税费负担、制度性交易成本、物流成本）偏高的原因，提出了应明确"降什么、谁来降、怎么降"，完善政策措施，推进体制改革等建议。

卢现祥（2017）[①]指出，我国供给侧结构性改革的实质就是降低制度性交易成本。我国基于部委供给制度的有限准入秩序、资源重新配置追赶型经济模式及政府与市场关系的非制度化等经济制度特征都会导致制度性交易成本的上升。在我国经济体制改革尚未到位的情况下，经济下行与制度性交易成本上升是一种互动关系：经济下行导致制度性交易成本上升，而制度性交易成本的上升又导致经济下行。供给侧结构性改革的关键应该是转变制度供给方式，也只有通过制度变革才能从根本上寻找经济发展的新动力，从根本上促进经济发展。卢现祥、朱迪（2019）[②]在以往研究的基础上，根据统计数据首次采用实证分析方法，综合测算出中国 31 个省份的制度性交易成本指数，结果发现市场化程度高、营商环境好的地区也就是制度性交易成本指数低的地区，这说明制度性交易成本与市场化程度存在显著的负相关关系。他们同时指出，近年来我国制度性交易成本虽有所下降，但下降的幅度还不够大，制度性交易成本是企业依靠自身难以降低的成本，需要依靠简政放权、减少行政审批等环节实现制度性交易成本降低，从而帮助企业切实提高获得感。

从政府政策实践和上述学者的观点来看，我国在降成本的实践中，是把制度性交易成本与政府的税费收入及其他一些成本分开的，属于狭义视角的制度性交易成本。从以往研究也可以看出，政府出台降成本政策是必要的。从短期看，这有利于企业克服眼前的困难，实现扭亏转盈；从长期看，这有利于优化企业营商环境，促进企业转型发展。[③]对此，政府可以发挥更加直接、更加显著的作用。

---

① 卢现祥.转变制度供给方式，降低制度性交易成本［J］.学术界，2017（10）.
② 卢现祥，朱迪.中国制度性交易成本测算及其区域差异比较［J］.江汉论坛，2019（10）.
③ 中国财政科学研究院"降成本"课题组.降成本：2017 年的调查与分析［J］.财政研究，2017（10）.

第三节　本书对制度性交易成本内涵的界定

1. 我国降低制度性交易成本的内涵

根据理论研究，结合中央文件及实地调研，本书把降低制度性交易成本研究分解成以下三个组成部分（如图 1-1 所示）。

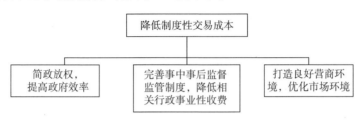

图 1-1　降低制度性交易成本分解示意图

（1）简政放权，提高政府效率

政府行政效率和管理方式在相当程度上影响着企业的生产和运营成本。简政放权，能够通过缩减政府对微观事项的管理和审批，改变过去政府对市场资源的直接配置及对市场活动的直接干预，有利于发挥市场在资源配置中的决定性作用，进而提高资源配置效率、激发市场主体活力、降低企业生产运营成本。

何雷、韩兆柱（2017）[①] 基于交易成本分析，在开展对行政审批制度改革的研究中指出，交易成本是行政审批制度改革过程中的"摩擦力"，界定行政审批制度改革中的交易成本，建立相关机制把交易成本限定在最小范围内，能够有效推动行政审批制度改革。周雪峰（2018）[②] 从微观层面选取沪市 300 家上市公司 2007—2016 年共计 10 年的财务经营数据作为样本，证明简政放权改革与企业投资之间存在倒"U"形的非线性关系，一定程度上反映出制度性交易成本在微观层面对企业运营的影响。武靖州（2018）[③] 认为制度性交易成本是企业遵从政府管制的耗费，对企业的生存与发展在边际意义上起着关键性的作用。刘胜、

---

① 何雷，韩兆柱. 基于交易成本分析的行政审批制度改革研究［J］. 行政论坛，2017（1）.
② 周雪峰. 降低企业制度性交易成本的实证研究［D］. 北京：对外经济贸易大学，2018.
③ 武靖州. 制度性交易成本治理之道研究［J］. 中国物价，2018（3）.

陈秀英（2019）[①]通过研究行政审批改革对服务业生产率的影响发现，行政审批改革有利于降低制度性交易成本，进而推动服务业生产率提升。刘胜、申明浩（2019）[②]以各城市行政审批中心成立作为"准自然实验"，运用双重差分法探讨发现，设立行政审批中心有利于通过"降低成本""激励创新"推动企业价值链分工地位攀升。孙艳阳（2019）[③]选取 2001—2015 年的 A 股上市公司作为样本进行研究，发现行政审批中心的设立显著提升了企业价值，特别是在民营企业和非政治关联企业中表现得尤为明显。王永进、冯笑（2018）[④]指出行政审批中心的建立降低了企业的制度性交易成本，如实用新型专利和外观设计专利、内资企业、接近国际技术前沿行业、低融资约束行业以及非专利密集型行业企业从制度改革中获益更大，从而促进企业发展；但同时，行政审批效率的改善也会促进企业进入，挤压已有企业的生存空间，从而可能抑制企业创新。

当前，"管制多、办事难"等问题依然存在，必须结合实际，深化行政审批制度改革，强化事中和事后监管，利用"互联网＋政务"等手段完善信息系统的互联互通，推动转变政府服务与监管模式。这是降低制度性交易成本的重中之重。

（2）完善事中事后监督监管制度，降低相关行政事业性收费

2019 年 9 月，国务院出台了《关于加强和规范事中事后监管的指导意见》，明确指出要持续深化"放管服"改革，坚持放管结合、并重，把更多行政资源从事前审批转到加强事中事后监管上来，加快构建权责明确、公平公正、公开透明、简约高效的事中事后监管体系，形成市场自律、政府监管、社会监督互为支撑的协同监管格局，切实管出公平、管出效率、管出活力，促进提高市场主体竞争力和市场效率，推动经济社会持续健康发展。深入贯彻落实事中事后监管的具体要求，有利于推动"放管服"改革，转变政府职能，推进国家治理体系和治理能力现代化。

对于降低相关行政事业性收费等举措，一些专家也提出了自己的观点和看

---

① 刘胜，陈秀英.行政审批改革对服务业生产率的影响研究——基于制度性交易成本视角［J］.云南财经大学学报，2019（9）.

② 刘胜，申明浩.行政审批制度改革与制造业企业全球价值链分工地位［J］.改革，2019（1）.

③ 孙艳阳.行政审批改革与企业价值——基于行政审批中心设立的"准自然实验"［J］.山西财经大学学报，2019（6）.

④ 王永进，冯笑.行政审批制度改革与企业创新［J］.中国工业经济，2018（2）.

法。例如，针对中美贸易争端产生的影响，冯俏彬、李贺（2018）[1]从我国当前的制度性交易成本与税收结构的角度，提出我国应以降低制度性交易成本、优化营商环境为主要抓手，打出一套应对美国税改的中国式减税降费"组合拳"，如深入推进我国税制转型、全面落实税收法定原则、适度降低企业所得税的名义税率、清理各类税外收费、整并政府性基金、推进社会保障费改税、深化中央与地方财政体制改革等。庞凤喜、牛力（2019）[2]提出，面对当前严峻的国内外经济形势所带来的诸多不确定性，新一轮减税降费的直接目标是对企业纳税人实施更具实质性与普惠性的减负。夏杰长等（2019）[3]针对我国服务业存在的税收负担下降尚不明显、名目繁多的费用增加企业成本开支、所需生产要素成本较高、隐性制度性交易成本居高不下等问题，提出深入推进服务业"营改增"、加大涉服行业"简政放权"改革力度、逐步减少行政性审批、建立与国际接轨的商事制度、降低制度性交易成本等建议。吴子熙（2019）[4]针对能源和原材料以及劳动力价格高位运行、实体经济面临严峻的成本压力等问题，提出采取切实措施降低经济发展中因政府征税、收费和其他要素垄断交易而带来的制度性交易成本，不仅有助于健全和优化市场机制，而且可以有效推动实体经济转型升级。

（3）打造良好营商环境，优化市场环境

优化市场环境，是解放生产力、提高市场竞争力、实现高质量发展的内在需求。进一步优化营商环境、激发市场活力，将有助于提升原始创新能力，强化创新驱动。2018 年中央经济工作会议指出，结构性政策要发挥更大作用，强化实体经济吸引力和竞争力，优化存量资源配置，强化创新驱动，发挥好消费的基础性作用，促进有效投资特别是民间投资合理增长。建立良好的营商环境与市场环境，依法平等保护各类产权，加大知识产权保护力度，更好地鼓励各种社会创造力，使得资本与人力对创新的投入得到应有的回报。

周雪峰（2018）[5]从宏观层面选取世界银行 2016 年涉及 258 个经济体的营

① 冯俏彬，李贺.降低制度性交易成本：美国税改与中国应对方略［J］.中央财经大学学报，2018（5）.
② 庞凤喜，牛力.论新一轮减税降费的直接目标及实现路径［J］.税务研究，2019（2）.
③ 夏杰长，肖宇，欧浦玲.服务业"降成本"的问题与对策建议［J］.企业经济，2019（1）.
④ 吴子熙.中国制度性交易成本降低的路径研究［J］.云南社会科学，2019（5）.
⑤ 周雪峰.降低企业制度性交易成本的实证研究［D］.北京：对外经济贸易大学，2018.

商环境数据，将制度性交易成本对营商环境的影响因子界定为"进入成本、产权成本、契约成本"三个维度，证明制度性交易成本是通过对营商环境的反向作用来影响经济运行的。刘军、付建栋（2019）[①]采用世界银行提供的中国企业调查数据，构建企业层面营商环境指数，实证研究显示，营商环境优化改善了企业面临的政企关系和商业关系，能够提升民营企业、大规模企业、非产能过剩行业和沿海地区的企业产能利用率。刘刚、梁晗（2019）[②]认为优化营商环境的本质在于消除外部不经济，强化并持续提升外部经济，降低企业综合交易成本。徐静文等（2018）[③]运用"制度—行为—绩效"的分析范式进行研究，发现我国非国有林业企业面临的制度性交易成本较高，严重挤压了企业经营收入；同时，正式制度、非正式制度及其实施单独或共同对当事人行为发生作用，从而影响企业的经营权受限程度，并对交易成本产生影响。卢现祥（2019）[④]从三个制度维度探讨了我国民营经济发展的影响因素，认为消除制度障碍大力发展民营经济，落实竞争中性和开放准入秩序可以大大地降低我国民营经济发展的制度性交易成本。

2. 我国推动降低制度性交易成本的历程回顾

新制度经济学理论认为交易成本研究的重点在于如何降低交易成本，从而增强经济的可持续发展能力，提高其社会效益。近年来，我国政府已经认识到交易成本的重要性，并将交易成本作为重要的分析方法，用于开展工作和指导实践。降成本，特别是降低制度性交易成本已成为中国经济进入新常态以来推进供给侧结构性改革的重要内容和举措。党中央、国务院高度重视降成本工作，不断根据新形势、新发展，及时研究完善出台相关政策举措；地方政府则将降成本列为工作重点和一把手工程，建立联席会议制度，及时总结经验，改进施政措施。[⑤]

---

① 刘军，付建栋.营商环境优化、双重关系与企业产能利用率［J］.上海财经大学学报，2019（7）.

② 刘刚，梁晗.外部性视角下营商环境的优化——基于企业需求导向的研究［J］.中国行政管理，2019（11）.

③ 徐静文，金银亮，张红霄，王枫.我国非国有林业企业人工林经营的制度性交易成本成因分析［J］.世界林业研究，2018（7）.

④ 卢现祥.从三个制度维度探讨我国民营经济发展［J］.学术界，2019（8）.

⑤ 中国财政科学研究院"降成本"课题组.降成本：2017年的调查与分析［J］.财政研究，2017（10）.

自 2013 年以来，党中央、国务院将简政放权作为一项重点工作积极推进，取得了显著成效。2015 年 12 月，中央经济工作会议首次提出"要降低制度性交易成本"，随后，在 2016 年 12 月召开的中央经济工作会议上进一步提出"要降低各类交易成本特别是制度性交易成本"。在党中央、国务院领导下，2016 年以来降低实体经济企业成本工作取得了积极成效。按照 2016 年国务院下发的《降低实体经济企业成本工作方案》（国发〔2016〕48 号，简称 48 号文）的具体要求，2017 年进一步完善政策，深化改革，降低制度性交易成本，降低物流、用能等成本，最大限度地减少行政机构对微观市场主体的过度干预，清租降费，打破黑箱，大力削减"无效率"的制度性交易成本存量，通过多部门协同合作，组织实施公平竞争审查，完善市场竞争规则，加强竞争政策执行，把打破行业垄断落到实处。

2017 年，在国务院第一次常务会议上，李克强总理部署决定三个议题：再取消一批中央指定地方实施的行政许可并清理规范一批行政审批中介服务事项；审议通过"十三五"市场监管规划，推动营造公平法治便捷透明的市场环境；部署创新政府管理、优化政府服务，加快新旧动能接续转换。2017 年 4 月，《国务院批转国家发展改革委关于 2017 年深化经济体制改革重点工作意见的通知》（国发〔2017〕27 号），明确指出要多措并举降成本。通过减轻企业税费负担、继续适当降低"五险一金"有关缴费比例、降低制度性交易成本、降低用能和物流成本等措施，持续综合施策降低实体经济企业成本，并将简政放权、放管结合、优化服务改革作为供给侧结构性改革的重要内容，以清单管理推动减权放权，制定权力责任清单，减少政府自由裁量权，深化商事制度改革，多证合一，加快市场准入负面清单试点；完善事中事后监管制度，"双随机、一公开"全面覆盖，推动跨部门、跨地域的综合行政执法，加快建设中央与地方信息联通共享的统一政务服务平台，完善社会信用体系，全面实施公平竞争审查制度，推动完善有序的市场体系。

2018 年中央经济工作会议再次强调，要大力降低实体经济成本，在降低制度性交易成本、税费成本和要素成本上协同发力。2018 年《政府工作报告》强调，继续抓好"三去一降一补"，大力简政减税减费，不断优化营商环境。深化供给侧结构性改革，重点在"破、立、降"上下功夫。"破"就是解决无效供给，用市场化、法治化手段解决产能过剩、处理僵尸企业；"立"就是大力培育新动能；"降"就是切实降低实体经济成本，降低制度性交易成本。

2020年《政府工作报告》提出，推动降低企业生产经营成本，降低工商业电价5%的政策延长到2020年底。国家电网公司预计，2020年全年有望减免电费约926亿元。2020年6月17日，李克强总理在国务院常务会议上说："必须清醒看到，现在许多企业受疫情冲击影响，在复工复产等方面仍然面临不少困难。在这种形势下，必须向市场发出明确信号，把降低涉企收费切实落实到位，帮助它们渡过当前难关。"当天会议决定，通过将降低工商业电价5%、免征航空公司民航发展基金和进出口货物港口建设费、减半征收船舶油污损害赔偿基金政策延长至2020年底，并降低宽带和专线平均资费15%，连同上半年降费措施，全年共为企业减负3100多亿元。① 由以上分析可见，中央政府从减少行政事业性收费、简政放权与优化政府服务、改善市场环境等方面为降低制度性交易成本指明了道路。

为贯彻落实党中央、国务院决策部署，各级政府纷纷针对本领域或本地区企业实际情况，通过制定实施办法、开展专项行动等，出台具体细化措施，不断完善政策环境，推动降低企业成本政策落地开花。例如，国家发展改革委印发《关于做好2017年降成本重点工作的通知》（发改运行〔2017〕1139号），针对降低制度性交易成本提出实行清单管理制度，下放审批权，简化备案管理审批流程，取消一批生产和服务许可证，多证合一，并推进电子化；完善事中事后监管，尤其对新产业、新模式科学审慎监管；推进服务事项网上办理，有条件的地方应着力实现省级行政审批事项和公共服务事项一厅办公。山东省政府出台《关于减轻企业税费负担降低财务支出成本的意见》（鲁政〔2016〕10号）。福建省财政厅、物价局、经信委联合出台《福建省开展涉企收费专项清理规范工作方案》，省政府出台《关于降低业成本减轻企业负担的意见》（闽政〔2016〕21号）等。

---

① 张钟尹.国务院督战降低工商业电价等举措：已定的降费措施要说到做到，全年为企业减负3100亿元［EB/OL］.［2020–06–18］.每日经济新闻.

第二章　关于降低制度性交易成本的理论研究

第一节　国内概况

1. 制度性交易成本

进入 21 世纪以来，中国经济进入了新的转型发展升级阶段，主要包括经济增长速度转型升级、经济增长动力转型升级和经济增长结构转型升级三个方面。其中，经济增长速度转型升级已由原来的高速增长逐步进入减速换挡高质量发展阶段；经济增长动力转型升级则是由传统社会的投资和对外出口方向逐步转向内需消费和自主创新发展阶段；而经济增长结构转型升级则是从以传统农业制造业为主的经济结构逐步转向以高端制造业、服务业为主导的第三产业。一般认为，在过去 40 年的时间里，我国经济的高速增长主要是由于内外部环境的共同作用，外部环境主要受益于对外开放的宏观发展趋势，内部环境主要受益于"人口红利"和"开放红利"。但 2008 年国际金融危机波及全球，受国际环境影响，我国经济发展进入阵痛缓冲阶段；同时，由于"涓滴效应"，最终形成了劳动力收入的稳定增长，中国廉价劳动力以及世界工厂的优势不断削弱，人工成本逐年上升。由于受到外部大环境的影响，企业在生产经营中，面对劳动力市场的紧缺，劳动成本的进一步提升，使得企业生产经营的人力成本不断扩大。此外，由于土地市场资本化，土地价格随着需求提高而不断提升，加上企业融资门槛的提高，自主研发科技创新能力不足，进一步加大了企业生产经营的外部环境成本。因此，企业必须在内外部环境变化的大趋势下作出必要的转变，从内部降低生产性经营成本，其中包括企业在生产经营活动中涉及的土地、资金、人力、智力等投入成本[1]，从外部降低包括税收在内的制度性交易成本，

---

① 这些投入有些与物品的物理转形（尺寸、重量、着色、地点等）相关，因此也有人称之为转形成本。

即企业通过制定一系列制度文件以及管理模式，降低企业在管理运营中可能存在的成本。简单来说，其公式为

总成本＝生产性经营成本＋制度性交易成本

如果市场环境突然发生变化，并且一个或几个因素的价格迅速变化，则企业家的总成本和成本结构将发生相应的变化。在相对稳定的环境中，要素的相对价格也在变化，但是除非这些变化比较迅速，否则，添加交易成本后的总成本处于企业家、生产和商业活动的可接受范围内。在生产成本上升且变更可能性较低的情况下，企业生产和经营活动的可持续性和经济增长在很大程度上取决于机构交易成本的降低是否会对冲生产成本的上升幅度。因此，在满足降低总成本和维持正常经济活动需求的同时，要素相对价格大幅上涨的时期可能是进行机构改革的最合适时间。

制度性交易成本，通常也简称为交易费用，是新制度经济学理论中的重要组成部分，对其概念的具体解释最早由科斯提出，他认为在市场交易过程中，交易双方需要对其交易过程进行一定的约束，包括交易类型、交易时间、交易性质等内容，制定相关的制度约束交易双方的权利和义务所产生的费用及成本，则被定义为制度性交易成本（科斯，2009）[1]。之后，张五常等相关学者对该定义进行了更为深入的延伸，并由此提出了关于"制度运行的成本"的概念。从政府收入的角度来看，整体市场运行的交易成本供给方可以定义为政府机构，其是整个市场运营制度的制定者和管理者，因此我们可以将交易成本具体化为政府运营市场制定制度的管理成本，即政府支出（冯俏彬，2017）[2]；此外，我们假设政府收支处于平衡状态，则政府支出的总额即为政府收入的总额，由此通过政府收入的构成将制度性交易成本进行具体量化，其内容可由公式表示为

政府收入＝税收收入＋非税收入＋政府性基金（含土地出让金）＋社会保障费＋国有资本经营收入（冯俏彬、李贺，2018）[3]

根据2011财年的数据，多年来，中国的税收收入约占政府总收入的一半以上，

---

[1]　（美）罗纳德·哈里·科斯.企业、市场与法律［M］.上海：格致出版社，上海三联书店，上海人民出版社，2009.

[2]　冯俏彬.中国财政学会2017年年会暨第21次全国财政理论研讨会论文集［C］.2017:21.

[3]　冯俏彬，李贺.降低制度性交易成本应对美国减税冲击［J］.经济研究参考，2018（30）:41-43.

也就是说，从政府收入的角度来说，我国的政府收入大部分还是来自税收，其中包括行政费、政府资金（包括土地转让费）、社会保障、国有资本经营收入等。这种收入构成反映了中国政府收入的多元化特征，也是分析中国政府机构交易成本结构的基础。由于除税收以外有关各种形式收入的相关法律法规在经济市场运行过程中存在一定的缺陷，如政策的落实范围窄、监管力度不足等，因此，有必要进一步完善现行法律法规，为有效降低制度性交易成本提供政策支持。

2. 政府绩效评估的制度成本

新制度经济学认为，"现实存在的各种调节交易活动的安排都是有成本的，它们之间的区别仅仅在于存在相对成本差异"（王义、庄海燕，2007）[1]。政府机构本质上是一个充满交易的组织，但是由于交易的形式和方法与公司组织不同，因此政府机构引入了一种新的制度经济学交易成本概念，通过制定契约对参与双方进行行为规范，更加完善了市场经营管理模式。向公民征税并向他们提供公共产品和服务不过是政府与公民之间交易的代表。交易过程的核心是公共权力和公共福利的信誉。以公共选择学派为主的学者，把具有此种性质的组织定义为低效、高成本的经济行为组织，并对其在市场经营中的行为持有否定态度（尼斯坎南，2004）[2]。

（1）信息获取成本

政府绩效评估是收集和处理信息的过程。信息获取的成本主要体现在系统构建时的信息获取成本上。新系统的形成是一个非常困难的过程，在这一阶段必须解决绩效评估的所有原始问题，如评估的内容、原则、标准、方法、系统等。对于负责系统设计的政府机构，按照面向绩效和面向公众的价值标准收集和理解政府机构的公众意见和要求是整体绩效系统设计的前提。舆论的多样性和政府组织的多功能性常常使系统设计较为困难。更好地了解交易市场中的各种信息、收集有关贸易伙伴的信息、了解各个级别的人们的偏好以及了解类似的交易过程和方法是在系统设计阶段应该做的常识操作。此步骤会产生大量的成本累积，并且无效成本的可能性比后续步骤更大。

---

① 王义，庄海燕.降低交易成本：政府绩效评估制度建设的新视角［J］.长白学刊，2007（3）:47-49.

② 威廉姆·A.尼斯坎南.官僚制与公共经济学［M］.北京：中国青年出版社，2004:37-41.

（2）谈判成本

政府监管者和领导者希望以绩效评估体系的建设为重点，控制各级受欢迎的政府机构和部门，并实施和执行既定的战略和计划。无论是建立评估体系，还是对体系进行修改和完善，都应该是符合相关各方利益的过程。参与政府绩效评估的利益相关方主要包括政府主管部门、绩效评估部门、评估单位和外部公众。各个利益相关者的期望存在某些差异。一般负责评估该部门绩效的政府部门应执行领导工作意图和部门的政策指示。该政府部门是绩效评估系统的特定设计师。由于该政府部门的特殊地位，经常成为矛盾和指向的重点。而外部公众和政府是各级人民政府的主要服务对象。作为政治权利的主体，公众一直希望绩效评估越严格越好，以使政府部门和公职人员的绩效评估行为能够完全遵守法律和法规有关规定。国家有关政策的具体规定，可以充分体现公众执政为民的精神和理念，可以为外部公众和政府提供各种优质的公共产品和高水平的公共服务。在整个利润分享模式中，接受绩效评估的部门通常处于相对被动的领导地位。从自身的社会、政治、经济利益分配的角度来看，每个进行绩效考核的单位都不可能希望自己的考核指标体系建设得太高，因为这会影响到整个企业不同部门之间的利益关系，特别重要的是，会影响部门的最高领导者的整体形象，甚至晋升。就中国目前的情况而言，每个部门最高领导者的利益关系以及职位晋升，对于企业管理制度的制定绩效评价，都存在"隐性规则"和利益相关者之间的相互博弈。如何调和各方利益，达成共识并平衡利益取决于领导者的平衡技巧、谈判组织者的策略站位以及游戏参与成员的权利分配等各方面的问题，游戏规则是否清晰合理，决定了游戏进程的效率和平衡。在缺乏科学透明的规则的情况下，会出现两种情况。一是谈判的成本很低（例如，领导者具有较强的话语权，很少采纳甚至不采纳其他参与者的意见）。二是"隐性规则"占主导地位，并且随之产生了不必要的交易成本，最终使得谈判成本过高。任何一种情况的出现都将大大增加将来实施该系统或履行契约的成本。在博弈规则清晰的状态下，即使在短期内出现多方博弈造成较高的交易成本，从长期来看其成本是很低的。

（3）履约成本

履约成本即制度落实成本。系统设计完成后，一切仅仅是开始，许多问题都集中在系统实施阶段。

（4）监督成本

交易市场中可能存在的一切不公平现象，包括参与双方的信息不对称、道德风险等都会对市场的正常运行造成影响和阻碍。通常，监督成本的增加或减少与监督机构获取准确和完整信息的能力有关。因此，建立一个由内而外、上下调整的监督机制成为整个政府体系的核心内容。从政府绩效评估的角度判断评估目标是否受到不公平对待时，如果评估机构确定评估过程和结果不公平，则公众会判断评估制度是否得到适当实施，或者反映了对公职人员和部门的评估。在实施困难的情况下，必须有合理的渠道表达意见和上诉，维持这些渠道正常运营的费用可视为监督费用。因此，必须建立一种监管机制以限制交易中所有相关方的行为。政府组织不受监管及相关法律的约束，但无疑存在类似的问题和风险。一般而言，监督管理过程中服务成本的不断递增或者监督成本的不断递减往往与我们作为公众监督公共信息服务提供者和主体的监督人员能够获取正确而完备的公共监督服务信息，以及提供主体服务信息能力的重要程度直接有关。此外，与监督人员间相互监督的人力资本管理强度也有关，一般来讲，监督的人力资本管理强度与监督成本正相关，强度越大，所需要的监督成本就越大。

3. 政企关系的三种调节方式

对于降低企业交易成本，需要了解政府与企业之间的三种关系。第一，公共制度或政府管理成本的存在是客观合理的，并为市场交易和公司利润的实现提供了保证。但是，当为该制度支付的费用超过一定限制时，就不存在其合理性，因此有必要消除它或创建一个新制度体系。第二，降低公司机构交易成本的关键是弄清非必要交易成本的限制。制度性交易成本包括特定交易中的静态的、明确的制度性交易成本，以及系统演化过程中的动态的、模糊的制度性交易成本。第二类成本属于非必要交易成本类别，应予以消除。换句话说，现有交易系统和交易行为的不兼容性所导致的成本是必须减少或消除的主要机构交易成本。第三，机构交易成本通常是公司本身无法降低的成本。它们属于政府制度性安排类别的成本，主要取决于政府职能的转变、行政管理和权力下放的合理化、公共制度的改革和创新的实施以及公司的实际生产和运营。

在现有的市场经济体制中，完善的政企关系可以大致划分为一个宏观层面、两个微观层面（余晖，2001）[1]。常耀中（2016）[2]认为，宏观调控包括财政政策、货币政策、经济立法、产业政策等。微观管理是指基于行政命令或直接参与市场的国有公司或机构的内部治理；微观管制是政府依据相关法规管制企业经济行为、防止市场机制失灵的手段，会对市场交易行为产生影响。根据不同的法律法规，宏观调控将影响市场交易或政府协调，或两者兼而有之。微观管理是政府利用行政命令干预人事任命和国有企业重要决策的一种手段，主要影响政府机构的协调。微观管制是政府根据相关法律法规控制公司经济行为以防止市场机制失灵（主要影响市场交易）的一种措施。

（1）宏观调控

宏观调控的目的是维护经济秩序和改善经济环境，并广泛地调节和影响各个环节和交易对象的交易顺序。在私人物品交易中，税收优惠政策可以减少交易环节中产品流通的成本，吸引更多的投资者和消费者；在协调过程中，还可以降低关键要素的投入成本，改变要素的收入分配，提高生产效率和研发投入（丁亚男，2015）[3]。在公共物品交易中，在相应的税法中阐明了税收的征收方法，以及市场交易环节和各机构之间协调环节的金额。通过税收制度，政府不仅可以有效调节国家经济总量，还可以保证经济市场有效稳定的运行（丁晓东，2011）[4]。

（2）微观管理

与微观管制相比，微观管理体现出几点较为明显的差异。第一，从定义上来看，微观管理是政府直接参与企业管理与重大决策的主要手段（聂成红，2015）[5]。第二，从涉及的范围来看，微观管理仅针对国企或者大型企业才能发挥政府直接参与管理决策的作用，而政府的干涉并不能涉及所有企业。第三，从管理模式来看，微观管理主要是政府通过人事任免、政策实施等宏观制度对企业经济进行直接管理。常耀中（2016）以企业重大投资决策为例，对微观管理模式进行了详细说明，"在私人品上，企业投资必须符合政府确定的企业功能定位和发展方向，相应企业内部资源调配使用要满足政府出资人代表相关要

①　余晖.行业协会组织的制度动力学原理［J］.经济管理，2001（4）:22-29.

②　常耀中.企业制度性交易成本的内涵与实证分析［J］.现代经济探讨，2016（8）:48-52.

③　丁亚男.税收优惠取消对企业的影响及对策［J］.中国商论，2015（36）:22-24.

④　丁晓东.浅谈税收的作用［J］.时代金融，2011（9）:26-27.

⑤　聂成红.试论我国治理体制的演变及反思［D］.武汉：湖北大学，2015:26.

求；在公共品上，由于企业执行了政策功能，会在经营过程中从政府获得相应的收益和便利，获得制度正外部性需要付出税费，提供正外部性也会得到回报"（张百灵，2015）[①]。交易费用理论是研究交易属性、交易制度和交易费用之间内在联系的制度经济学理论分支（卢志刚，2012）[②]。交易成本理论是以企业为主要研究对象，为企业及其他机构交易成本的分析提供了有力的理论依据。与交易成本理论的契约观点相比，主流的观点更专注于企业对于相关制度契约的研究。但是从研究主体的适用范围来看，交易成本的研究范围主要集中在对企业自己建立的管理制度及协议范围内，缺乏对公共系统的深入分析。对企业机构交易成本的研究可以从交易成本理论的角度深入探索公共系统的内涵和分类，并分析各种公共系统在维护交易秩序中的作用和可能产生的交易成本。

（3）微观管制

微观管制是指政府通过必要的行政手段对发生市场失灵的市场进行宏观层面管制的模式（陈刚，2015）[③]。微观管制主要针对的是市场失灵情况下的经营市场，通过宏观调控，政府不直接参与企业的生产经营管理过程（刘戒骄，2019）[④]。常耀中（2016）认为：在私人品上，企业产品必须遵从一系列技术、质量和环境标准方能进入市场，因而市场交易的都是达到准入要求的私人品；在公共品上，准入制度简化了如技术、质量和环境等私人契约内容、保障了公平竞争和流动交易，企业应为之付出制度费用。

第二节 国外概况

1.制度经济学与交易成本

以诺斯为代表的新制度经济学，通过对全球范围内的制度研究以及经济发

---

① 张百灵.外部性理论的环境法应用：前提、反思与展望［J］.华中科技大学学报（社会科学版），2015，29（2）:44-51.

② 卢志刚.科斯的交易费用理论分析［J］.山西财经大学学报，2012，34（S3）:35.

③ 陈刚.管制与创业——来自中国的微观证据［J］.管理世界，2015（5）:89-99，187-188.

④ 刘戒骄.增强要素流动促进民营经济高质量发展［J］.经济纵横，2019（4）:2，45-51.

展趋势分析，认为只有建立有效的制度机制，才能保持经济市场的稳定增长。通过建立完整的制度体系，规范经济市场行为，保证资本投入的可靠性和安全性，有效拉动经济市场生产动力，最终可以提高市场整体产出，推动经济健康稳定发展，即 Hall 和 Jones 在 1999 年提出的"制度—资本投入—生产力—人均产出"市场制度机制[①]。此外，很多制度经济学家认为，就像游戏需要制定规则一样，通过建立一系列的市场制度，可以使参与经营活动的双方进一步规范其经营行为，推动经济市场有序健康发展。因此，一种被广泛接受的理论提到：系统影响经济增长的原因是系统和系统的变化可能设置和改变其内在的激励机制，违反规定的人将受到法律和社会制裁。诺斯从制度管理市场的规范性角度出发，将系统定义为对非正式和正式的人类活动相互作用的约束；其中，非正式约束是社会的规范和价值体系，如文化或意识形态；形式上的约束包括正式的政治（或司法）规则、经济规则和合同。同时，Ellickson 在 1986 年对非正式约束和正式约束做了对比研究，并提出正式约束的成本将会高于非正式约束的市场成本[②]。Anne 和 Bradley（2006）认为制度具有很强的可塑性和延展性，就像不同区域具有不同的风俗一样，当地约定俗成的道德规范等，都是通过长期延续得以保存的，并一直被当地社会认可和遵循[③]，如果外界条件需要对其进行更改或刷新，则需要耗费很大的成本。从制度经济学家的角度来看，制度结构的变化将不可避免地影响交易成本。程波辉等（2020）[④]通过对交易成本经济学观点进行研究发现，"制度结构对交易成本既具有正向的影响，也具有负向的约束"。当制度结构与现行的交易模式相吻合时，市场交易将可以有效实现交易成本的减少（economizing—result）（Williamson，1996）[⑤]。诺斯指出，一个社会的制度结构能够提高或降低实现给定的合作和专业化水平的交易成本（North，

① Hall, R. & C. Jones. Why Do Some Countries Produce So Much More Output Per Worker Than Others?［J］. Quarterly Journal of Economics, 1999（114）:83–116.

② Ellickson, R. Of Coase and Cattle: Dispute Resolution among Neighbors in Shasta County［J］. Stanford Law Review, 1986（38）:3.

③ Anne, E. & B. Rathbone. Institutional Change in the Absence of the Rule of Law and Market Mechanisms［J］. Public Choice, 2006, 128（1–2）.

④ 程波辉，陈玲. 制度性交易成本如何影响企业绩效：一个制度经济学的解释框架［J］. 学术研究，2020（3）:70–75.

⑤ Williamson, O. E. The Mechanisms of Governance［M］. New York: Oxford University Press, 1996:12.

1981）①。根据研究，制度结构主要用于传播法律法规，通过规范参与双方的行为，建立全社会共同遵循和支持的管理制度和法律体系，从而产生交易性成本，并减少市场整体运行成本。

关于投资专业化，亚当·斯密（Adam Smith）指出，专业化可以提高生产率。在制度经济学理论中，交易成本通常作为中介变量存在，即制度结构与经济绩效之间关系的中介。交易成本能对公司的生存和发展产生重大影响。最小化资源成本的关键是最大化资源流入的生产力，这需要专业的投资与合作。一些学者认为，经济参与者之间的合作可以提高生产率。但是，专业的投资和合作不能没有成本。在现代经济活动中，公司要在激烈竞争的市场中生存，就必须降低资源投入（土地、劳动力、资本）的成本，即降低生产给定产品所需的资源成本。通过合作，一方面参与双方均可以从中获取非合作模式下的额外利益，另一方面也会产生参与方过于依赖其他合作伙伴而没有实际贡献度的情况，即"搭便车"（Alchian 和 Demsetz，1972）②。我们把这种逃避承诺或者"搭便车"的行为产生的负面影响，称为逃避的剩余损失（residual loss from shirking），主要包括激励机制的成本、监督的成本、实施的成本、寻找机会主义者的成本和谈判的成本等。所以，从剩余损失的角度，也有学者把这种人为不确定因素可能造成的市场经营中产生的损失统一称为交易成本（Charles 和 Hill，1995）③。

2. 制度环境与交易成本

通过研究微观和宏观两个方面，我们提出了用于环境治理失败的横向交易成本（TTC）的概念。在分析缔约活动类型时，常耀中（2016）认为，Williamson 在 1979 年提出的法律制度（包括法院诉讼、仲裁）对维护交易秩序起到了一定作用的观点，是在 Lance 和 North 研究基础上的提升和总结，他对制度环境进行了较为严谨的定义——基本的政治、社会、法律等公共制度，制度安排是经济体之间协作与竞争方式的私人制度（或私人契约）（Williamson，

①　North，D. Structure and Change in Economic History［M］. New York: W. W. Norton & Co，1981:7.

②　Alchian，A.A. & H. Demsetz. Production，Information Costs，and Economic Organization［J］. The American Economic Association，1972，62（5）.

③　Charles W. L. Hill. National Institutional Structures，Transaction Cost Economizing and Competitive Advantage: The Case of Japan［J］. INFORMS，1995，6（1）.

1993）①。因此，治理失败的一个重要原因是公共政策与产权之间相互联系的交易成本。同时，Bolognesi 和 Nahrath（2020）② 使用比较分析方法研究了各国制度环境的差异及其对投资可靠性、契约可靠性、竞争和治理结构差异的影响。他们巧妙地将公共系统视为影响私有系统成本的一组先前参数，并使用比较成本法研究了公共系统对私有系统的成本和选择的影响。辛蔚等（2020）③ 通过对 Williamson 观点进行总结归纳出四维度制度观：第一维度是指内嵌于各种习俗、传统和社会文化的非正式制度，这些非正式制度深入地根植于人类活动中并且变化最慢；第二维度是指各种诸如宪政、法律和产权等正式的制度环境，在这一制度中强调了产权的重要性，并将产权与正式制度下的管制环境组合在一起；第三维度是指针对各种具体交易形成的治理制度，尤其强调私人治理；第四维度是指在上述三种维度下的资源配置制度（Williamson，1998）④。Williamson 在关注私有制度的同时，也关注公共系统的作用和成本，契约经济学被明确地分为公共系统和私有系统两种类型，并且交易成本理论被置于私有系统领域进行讨论。因此，公共制度影响着私人制度及其成本，进而影响着私人契约类型的选择。制度环境是指"一系列政治、经济、社会和法律等基础规则的总和，既包括自发形成的市场环境，也包括政府政策环境，其为经济社会的生产、交换、分配等活动提供基础准则"（Lundvall，2007）⑤。

3. 契约理论与交易成本

契约是关于在特定贸易环境中当事方之间的经济行为和后果的协议，规定了当事方之间的关系、权利和义务，并直接确定当事方之间利益分配的结果。契约理论经历了三个主要发展阶段：古典契约理论、新古典契约理论和现代契

---

① Williamson O. E. The Economic Analysis of Institutions and Organizations in General and with Respect to Country Studies［D］. OECD Economics Department Working Papers, 1993（133）:1–78.

② Bolognesi, T. & S. Nahrath. Environmental Governance Dynamics: Some Micro Foundations of Macro Failures［J］. Elsevier B.V., 2020:170.

③ 辛蔚, 林木西. 产权结构与制度环境降低交易成本的机理研究［J］. 经济理论与经济管理, 2020（5）:35–47.

④ Williamson, O. E. New Institution Economics［J］. Social Science Electronic Publishing, 1998, 88（2）:72–74.

⑤ Lundvall, B. National Innovation Systems—Analytical Concept and Development Tool［J］. Industry & Innovation, 2007, 14（1）:95–119.

约理论。

古典契约理论的基本特征是：第一，契约是完全自主的，具有可选择性。换句话说，订立契约是交易双方自由选择的结果。第二，契约具有离散性和随机性，随着达成契约双方的情况发生变化，契约也会发生改变。第三，契约是直接性行为。也就是说，契约在双方的权利和义务上有明确的协议，没有歧义时，契约的谈判、签署和履行可以立即完成。

新古典契约理论的基本特征可以概括为以下两点：第一，契约是抽象的，交易双方达到平衡是市场自愿订单的必然结果。第二，契约已经完成，将来一切都会发生。新古典契约理论在考虑契约形成过程时通过留有一定的余量来保证一定程度的契约灵活性。即使发生争议，契约的条款也可以由第三方执行。如果难以履行契约，则可以引入第三方调解。所有事件都可以根据契约条款进行准确的预测和记录，并且可以在契约建立后严格执行。利益相关者关注契约关系的连续性，并意识到契约后调解的必要性。长期交易过程中的不确定性通过增加执行契约的成本限制了契约的执行。古典契约理论和新古典契约理论认为，契约本质上是完整的，并且可以准确地描述与交易及双方在每种情况下的权利和责任有关的所有可能的未来状态。

由于实际经济生活与古典契约理论和新古典契约理论所解释的框架和理论逻辑以及假设之间存在巨大差异，因此许多学者基于对古典契约理论和新古典契约理论的反思，发展了现代契约理论。现代契约理论以完整契约的假设为基础，通过建立不完整契约模型并分析契约设计过程中出现的各种实际问题，弥补了现有契约理论的许多不足（丁志国、郭婷婷，2018）[1]。现代契约理论由 Coase（1937[2]；1960[3]）最先提出，随后不同学者对其进行了不同角度的挖掘分析，较为主流学派的学者包括 Alchian 和 Demsetz（1972）[4]、Williamson（1975）、

① 丁志国，郭婷婷.理性的约定：现代契约理论发展综述［A］.吉林大学数量经济研究中心吉林大学数量经济优秀成果汇编（2018 年卷）［N］.2019:153–161.

② Coase, R. H.. The Nature of the Firm［J］. Economica, 1937, 4（16）:386–405.

③ Coase, R.H.. The Problem of Social Cost［J］. Journal of Law and Economics, 1960（3）:1–44.

④ Alchian, A.A. & H. Demsetz. Production, Information Costs, and Economic Organization［J］. The American Economic Association, 1972, 62（5）.

Ross（1973）[①]、张五常（1983）[②]、Grossman 和 Hart（1986）[③]、Holmstrom 和 Tirole（1989）[④]以及 Hart 和 Moore（1990）[⑤]，最终形成了现代契约理论的几个主要理论学派。

不完全契约理论是基于完全契约理论产生和发展的，并推动契约理论在实际应用领域中迅速推广。从不完全契约理论产生的环境机理来看，环境的复杂多变以及个人范围的局限性，都可能导致契约制定和参与双方在未来执行契约时，发生无法预估的超出契约约定范围的情况，因此，对于完全契约理论来说，其制定和实施是基于一个较为完美的假设情况才能完成的。Hart（1995）[⑥]通过契约的基本性质，对契约的不完全性特征做了如下表述："第一，从外在环境来看，由于外在大环境复杂多变，我们无法准确地对未来可能发生的情况进行预测或估计。第二，从契约制定的规范来看，没有一种可以满足所有契约参与人的使用管理规范模式，以契约书写的语言为例，并不能找到完全可以通用的契约制定专用语言。第三，从契约未来执行情况来看，即使契约承诺方均对未来预期作出了一定的判断及约定，但作为契约执行的第三方监督评估机构，很难对其实施情况进行客观公正的评价。"不完全契约理论提出的最初目的是模型化，在随后的实际应用过程中，垂直整合的问题继续扩大和加深，最终对政治制度、法律规则和公司治理结构的设计产生了很大的影响。丁志国等（2018）认为，不完全契约理论的实质是研究产权的不同分配对交易双方盈余分配的影响，并鼓励他们进行投资。Williamson 提出的纵向一体化主要是使交易一方为保护专用性投资（relationship–specificin–vestments），是为了防止在不完全契约条件下另一方采用机会主义。Grossman 和 Hart（1986）[⑦]、Hart 和 Moore（1990）[⑧]

① Ross，S. The Economic Theory of Agency: The Principal's Problem［J］. American Economic Review，1973（63）134–139.

② Zhang Wuchang. The Contractual Nature of the Firm［J］. The Journal of Law & Economics，1983（26）:1–5.

③ Grossman，S.J. & O. Hart. The Costs and Benefits of Ownership: A Theory of Vertical and Lateral Integration［J］. Journal of Political Economy，1986，94（4）:691–719.

④ Holmstrom B.R. & D.J. Tirole. The Theory of the Firm［M］. Yale University Press，1989.

⑤ Hart，O. & J .Moore. Foundations of Incomplete Contracts［J］. Review of Economic，1999（66）:115–138.

⑥ Hart，O. Firms. Contracts And Financial Structure［M］. Oxford: Oxford University Press，1995.

⑦ Grossman，S.J. & O. Hart. The Costs and Benefits of Ownership: A Theory of Vertical and Lateral Integration［J］. Journal of Political Economy，1986，94（4）:691–719.

⑧ Hart，O.& J. Moore. Property Rights and the Nature of the Firm［J］. Journal of Political Economy，1990，98（6）:1119–1158.

的不完全契约理论（GHM）指出，"交易成本的来源，认为合约中可明确归属的财产权属于特定权利，因不确定性而无法直接揭示的财产权称作剩余权利，后者往往成为各方竞相索取的标的"。实际上，在商品采购、资本贷款、资产并购、劳动就业、制成品交易和其他交易中，契约并非完全不可能。每个类别对应一个特定的剩余权利，并且交易的各方竞争这些剩余权利要求。为了调节这种竞争导致的交易成本和效率损失，市场将脱离完美的市场。Hart 和 Moore（1988）[1]、Aghionetal（1994）等重点研究了非完全契约下的重新谈判和机制设计问题。Che 和 Hausch（1999）[2] 提出，"假设双方的行为会相互影响，也就是说，假设一方的投资在另一方之外，则卖方的投资会影响买方的收入，而买方的投资会影响卖方的成本"。如果双方无法重新协商原始合同，则不能实现最佳水平，如果可以重新谈判，则存在可以实现帕累托最优的合同。此时，如果这种外部性足够重要，则可以通过建立动态的谈判和投资模型来获得双边交易的最佳帕累托结果。Hart 和 Holmstrm 在已有研究成果的基础上，发现与传统的财产理论模型不同，决策权直接影响未来的结果。管理者不再能够通过追求私人利益或投机行为来管理旨在最大化利润的公司，而这会产生新的公司边界理论。Thomas（2010）[3] 在资本市场不完善且合同约束不完善的经济环境中，通过建模分析了内部谈判对企业的影响，包括资产均衡配置，并确定了企业分布的相关属性。允许大型和小型企业在技术效率方面诱导异类企业规模分布，可以处理总财富与不平等之间的非单调关系，这与现实更加一致。Andrew（2008）[4] 在讨论不完全合同条款将信托责任扩展至股东或债权人的经济争议时指出，机会主义行为的存在（不是公司破产的风险）会引起信托责任问题。Schmitz（2008）[5] 通过分析信息结构对投资激励的影响发现，在对称信息条件下，讨价还价能力越高，购买者对持货问题的投资动机就越高，但该结论仅在单边隐私条件下有效；

---

① Hart，O. & J.Moore. Incomplete Contracts And Renegotiation［J］. Econometrica，1988（56）:755-786.

② Che，Y.K & D.Hausch. Cooperative Investments and the Value of Contracting: Coase vs.Wiliamson［J］. American Economic Review，1999（89）:125-147.

③ Thomas，R. B. IV. Spirit and Covenant Renewal: A Theologoumenon of Paul's Opponents in 2 Corinthians ［J］. Society of Biblical Literature，2010，129（1）.

④ Andrew，G. Communion and Covenant: A Theological Exploration［J］. Routledge，2008，8（2）.

⑤ Patrick，W. Schmitz. Incomplete contracts，the hold-up problem，and asymmetric information［J］. Economics Letter，2008，99（1）:119-122.

在双方个人信息不对称的条件下，结论是相反的。Hart（2009）[1] 从行为经济学的角度出发，指出通过研究受不确定价值和成本影响的交易实体之间的关系，并结合行业可验证的信号和价格，可以重新考虑不完整的合同理论，如持有的资产所有权认定以及资产价值认定的不确定性。换句话说，资产所有权分配中的关键问题是加强索引的使用以防止持有问题或各方为防止持有而进行的外部选择。Aeberhardt 等（2014）[2] 通过建立模型发现契约是不完全的，出口商必须通过经验了解其合作伙伴的可靠性，并且由于匹配摩擦，出口行为具有依赖性，只有通过更好的法律制度才能够缓解契约不完全所造成的摩擦，特别是存在严重委托代理问题的部门，对国家政策法律法规的依赖更为突出。Ola（2011）[3] 调查了风险中立实体和风险厌恶者订立合同的情况，认为风险规避只能部分地解释风险厌恶者的风险改变行为，而风险中立实体（风险规避中介）则根据风险规避者未来价值期望的变化进行事后防范。合同动机的强弱、事后协商能力和外部选择权也可以决定合同的选择。

---

[1]　Hart，M.M. Cationic Exchange Reactions Involving Dilithium Phthalocyanine: Thesis for the Degree of Master of Science ［D］. Dayton: Wright State University，2009.

[2]　Aeberhardt，R. Ines Buono，Harald Fadinger. Learning，incomplete contracts and export dynamics: Theory and evidence from French firms ［J］. Elsevier B.V.，2014（68）.

[3]　Ola，B. Covenants in Venture Capital Contracts ［J］. INFORMS，2011，57（11）.

第三章　降低制度性交易成本的作用

第一节　降低企业成本

一是降低企业税费负担。尽管近年来我国一直在为降低企业税费负担努力，出台了一系列减税降费政策来支持企业发展，减轻企业负担，激发微观主体活力，但是我国税费负担依然较高。根据李琼（2020）的研究，我国企业税费负担较高，并且不同类型的企业税费负担存在差异，国有企业在总税费、税收、社会保险费方面要比私营企业、港澳台商投资企业、外商投资企业三类企业高，其大口径税费负担是 35.84%，私营企业、港澳台商投资企业和外商投资企业相应的税费分别为 30.32%、28.32%、29.16%，可以发现，国有企业比其他类型企业至少多 5 个百分点的税费负担[①]。通过落实国家明令取消、停征、免征的行政事业性收费和政府性基金项目，实施营改增、降低纳税人城镇土地使用税，免征相关企业的教育费附加、水利建设基金、文化事业建设费等，停征、降低和整合部分政府性基金如育林基金、价格调节基金等，极大地降低了企业的相关成本。

二是降低企业社会保障性支出。近年来，我国实体经济的人工成本上升较快，如图 3-1 所示，可以发现，居民人均可支配收入在 2013 年为 1.8 万元，2019 年为 3.1 万元，从居民人均可支配工资性收入来看，由 2013 年的 10411 元增长到 2019 年的 17186 元，年均增长率为 8.71%，居民人均可支配工资性收入占居民人均可支配收入的比例近年来均值为 56.42%。城镇居民人均可支配工资性收入由 2013 年的 16617 元增长到 2019 年的 25565 元，年均增长率为 7.44%，农村居民人均可支配工资性收入由 2013 年的 3653 元增长到 2019 年的 6583 元，年均增长率为 10.32%。无论是城镇居民还是农村居民的人均可支配工资性收入均出现了增长态势，与近年来工业企业营业利润增长率相比（见图 3-2），2014—

[①] 李琼.中国企业税费负担：规模测算及结构分析［J］.学习与探索，2020（5）:125-131.

2017年间，居民人均可支配工资性收入增长率要高于工业企业营业利润增长率，仅仅在2016年以后，国有企业、大型企业的营业利润增长率才高于居民人均可支配工资性收入增长率，其余类型企业的增长率远低于居民人均可支配工资性收入增长率。物价上涨、劳动力素质提高、地方政府上调最低工资标准、房租等快速上升、"用工荒"、社会保障体系逐步健全、《劳动合同法》有效实施、劳务中介公司提高成本均成为人工成本上升的重要因素。除了基本工资收入外，根据中国财政科学研究院的调研报告[①]，2016年到2018年，国有企业的"五险一金"三年均值最高，高达1.97万元；而民营企业的三年均值最低，为0.64万元。通过降低养老保险、社会保险失业保险费等单位缴费率、职工基本医疗保险费率、工伤保险基准费率、企业住房公积金缴存比例，尤其是困难企业适当降低或暂缓缴存公积金，不仅可以切实降低企业人力资源成本，稳定企业职工数量，降低企业裁员的概率，而且有助于延缓企业的支付时间，争取企业生存的时间和空间。

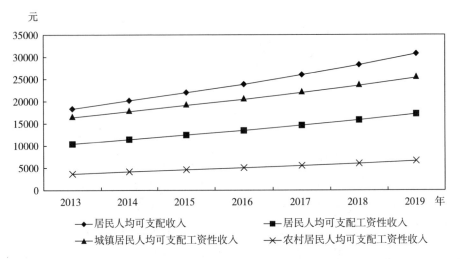

注：国家统计局自2013年开始对城乡一体化住户的收支与生活状况进行调查，与之前分城镇和农村住户调查相比在调查范围、方法、指标方面存在差异，本书采用2013年后的数据。

图3-1　近几年我国居民人均工资性收入变化情况

（资料来源：国家统计局）

---

① 中国财政科学研究院.降成本与实体经济企业高质量发展［EB/OL］.［2019-10］. http://ts.whytouch. com/pdf/g3e1c0449284d45c695961f94f1e8751/index.php.

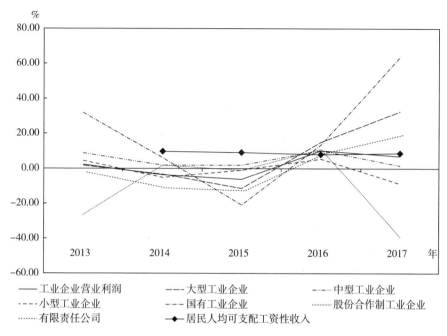

图 3-2　2013—2017 年我国工业企业利润增长情况

（资料来源：国家统计局）

　　三是降低企业融资成本。资金短缺、高技能人才缺乏、人力成本高、技术创新能力不足、经营管理水平较低、核心竞争力低是企业发展中普遍面临的问题。金融机构尤其是商业银行在选择贷款对象时往往先选择国企，其次是抵押物充足的大型企业，再次是生产经营状况良好、资产负债率低的大中型企业。对于信息不完整、不准确、有价资产匮乏、无担保、无抵押的中小企业往往采取惜贷慎贷的态度。因此，企业尤其是中小企业贷款难、贷款贵问题在我国长期存在。根据中国财政科学研究院的调研报告[①]，2018 年国有企业的短期贷款利率处于5.06%~5.17% 之间，长期贷款利率为 5.28%，债券发行利率为 5.66%，而同期的民营企业的相关利率分别为 6.05%~6.14% 之间、6.31%、6.77%，由此可见，民营企业在信贷市场或金融市场中处于劣势地位。为此，政府通过建立贷款风险分担机制、贷款风险补偿机制和信用担保代偿补偿政策，推动银行、融资性担保机构为相关企业提供产业化经营等信贷担保服务，减少了金融机构以额外收

[①]　中国财政科学研究院 . 降成本与实体经济企业高质量发展［EB/OL］.［2019-10］. http://ts.whytouch. com/pdf/g3e1c0449284d45c695961f94f1e8751/index.php.

费将经营成本转嫁给企业的机会，支持银行业金融机构开展存货、应收账款、知识产权（专利商标）、著作权等质押业务，提高固定资产抵押贷款折扣比例，优化融资结构，扩大直接融资比例，推进民营银行常态化设立，开展中小微企业应收账款融资专项行动，清理金融中间环节收费，有效提升政府、银行、企业三方的协同效应，有助于中小企业的相关扶持政策切实落地，形成金融支持工业发展的政策合力。这些举措不仅有助于企业特别是生产经营状况良好、市场前景广阔但资金周转存在困境的企业克服续贷难关，同时还可以为企业节省往返金融机构所需支付的各项费用，间接提高中小企业的融资增信，降低企业转贷过桥利率，有效降低企业融资成本。与此同时，清理和纠正金融服务的不合理收费，如金融机构收取的承诺费、资金管理费、财务顾问费、咨询费等费用，长期存在的以贷收费、浮利分费、借贷搭售、一浮到顶、转嫁成本等行为将会被禁止，进一步规范企业融资过程中担保、评估、登记、审计、保险等中介机构和有关部门的收费行为，政府通过这些行动，可为企业节约大量的费用，极大地降低企业的融资成本，提高企业贷款的机会和成功率。

四是规范行政性收费，公示涉企收费目录清单。相关政府部门要向社会公开收费的项目以及相关的收费标准、依据、期限等，这是我国政府服务于民的重大举措，及时公开相关收费信息以及收费依据，使企业能够判断政府部门收费的合理性和正当性，取得了三方面的效果，具体表现在：第一，降低了企业搜索成本，使企业不用花费时间成本去搜索相关的费用，也不用为了弄清楚相关收费项目而往返于企业和政府部门之间。第二，促进企业形成良好的预期，企业根据该目录，可以提前对相关经营活动所涉及的成本做预先的安排和调配，从而使有限的资金运用到亟须的生产经营过程中，提高资金的使用效率。第三，保护了企业的相关利益。由于政府部门已经明确了相关收费目录和内容，则目录以外的相关收费意味着政府部门并没有相关依据，如果政府部门依然收取这些费用，企业可以涉企收费目录清单为依据拒绝政府相关部门的收费，从而维护自身的合法利益。当遇到在收费目录清单内的事项，政府部门以较高的价格收费时，如当前我国部分经营服务性的收费执行的政府定价和指导价，企业可能面临政府部门按照上限收费或者高于定价收费的问题，此时企业同样可以通过查询相关收费清单和政策予以拒绝，维护自身的利益。

除此之外，近年来，政府还出台了一系列相关举措降低企业的成本，如降低企业政府采购成本，取消采购合同中的预留尾款用作质保金，而保证金可以通过信用担保取代采用现金的方式进行，这有助于降低企业中标、成交所承担的费用。与此同时，政府大幅压减行政审批前置事项。加快行政审批前置条件向事中事后监管解决事项变动，取消不必要的关联证照（卡）和证明项目，优化了企业办理流程，极大地精简了企业办事条件，减少了企业行政审批需要准备的材料和往返于行政机关的时间，降低了相关费用。

第二节　提高企业创新能力

随着经济全球化的发展，创新对于企业、行业乃至国家竞争力的重要性更加突出和明显，已经成为生产率提升和产业技术水平升级换代的源泉。创新需要成本，不仅包括人工费用、材料费用、管理费用及少量的机器设备等固定资产和无形资产的使用，而且包括折旧费、摊销费、动力费、测试费、鉴定费、试制费以及技术获取、技术产品化和市场推广等成本[①]，还包括协调沟通成本，如产学研协同成本，由于产学研协同各方属于不同的利益主体，各利益主体有着各自的利益诉求，面临着创新成本的分摊问题[②]。根据 2017 年《中国企业经营者问卷跟踪调查报告》，50% 以上的企业家感觉企业承受了过重的税费负担，对企业创新积极性是一种严重的扭曲[③]。随着企业之间在创新方面的竞争愈加激烈，相关创新活动不仅需要企业内部的资源，而且需要借助于外部资源，一些企业在创新初期便引入外来资金如天使资金的支持，但绝大部分企业的创新依靠的还是自身力量，而这与企业的经营利润息息相关。因此，政府在企业创新时提供一定的支持，有助于企业优化配置相关科技资源，降低企业创新成本。降低制度性交易成本，有助于提升企业的创新能力，主要包括以下几个方面：

一是通过扩大创新券的覆盖范围，促进企业创新方式多样性。创新券指的是科技创新券，又叫研究券、知识券、科技券、创新与能力券，是我国政府为解决

---

① 蒋小花.作业成本法下工业企业创新成本的计量模式研究——基于高质量发展的要求［J］.会计师，2019（11）:34-36.

② 陶丹.产学研协同创新成本分摊机制研究［J］.科技进步与对策，2018（5）:8-13.

③ 李琼.中国企业税费负担：规模测算及结构分析［J］.学习与探索，2020（5）:125-131.

中小微企业或创业团队在开展创新活动时面临的资金缺乏、创新资源受限等问题而设立的"创新货币"，是一种有价电子凭证，采用的是先研发后补助的方式[①]，具有普惠性。企业在购买技术成果、科技服务、先进研发设备时均可凭创新券兑换数万元的现金补助。通过扩大创新券的覆盖范围，一些缺乏大型科学仪器设备的企业或者使用相关大型科学仪器设备频率较低的企业可以使用本地区或者其他地区的高校、科研院所及其他企事业单位的科学仪器设备，从而有助于围绕企业创新的目的进行相关检测、试验、分析等创新活动，而不用企业自己购买或者委托其他单位进行检测、试验、分析，节省了企业的相关维护成本及配备专门相关人力的成本。因此，创新券将极大地降低企业创新的成本，提高企业创新的积极性，缩短企业创新的时间，企业可以将稀缺的资金投入人才引进、管理提升、流程再造等方面。另外，企业在使用创新券的过程中还可以增进企业与科技型中小企业、初创企业、创新创业团队之间的联系，发现识别更多的企业需求，增加相互间的合作黏性，同时也促进企业和科研机构之间的协同创新[②]。

二是降低企业的研发设计成本。研发费用税前加计扣除指的是财务核算制度健全、实行查账征税的内外资企业、科研机构、大专院校等在研究开发新产品、新技术、新工艺时发生的各项费用，增长幅度在 10% 以上的，由纳税人自主申报扣除，并按实际发生额的一定比例抵扣应税所得额。2008 年《中华人民共和国企业所得税法》及其实施条例的实施，将研发费用加计扣除优惠政策以法律形式予以确认，2017 年《关于提高科技型中小企业研究开发费用税前加计扣除比例的通知》将科技型中小企业享受研发费用加计扣除比例由 50% 提高到75%[③]。研发费用加计扣除政策的实施，提升了各类企业的研发投入，从而能够实现企业利润的平滑[④]，提高自主创新能力。

三是通过创新融资风险补偿机制，激励企业大胆创新。创新融资风险补偿机制指的是各级政府为完善科技创新融资环境、促进科技创新及其应用，鼓励

---

① 周霞.企业研发成本管理问题的思考［J］.全国流通经济，2020（10）:43-44.

② 唐丽艳，王国红，张秋艳.科技型中小企业与科技中介协同创新网络的构建［J］.科技进步与对策，2009（2）:79-82.

③ 国家税务总局.研发费用加计扣除政策沿革［EB/OL］. http://www.chinatax.gov.cn/n810219/n810744/n3213637/index.html.

④ 陈海声，连敏超.盈余管理、研发费用加计扣除政策的执行效率［J］.科研管理，2020（4）:54-63.

金融机构开发适合科技创新的融资工具[①]。创新融资风险补偿机制是初创期高科技企业的重要融资渠道,通过理顺政府、企业、保险公司之间的风险分担机制,建立知识产权鉴别、定价制度,实施知识产权质押融资等相关风险补偿基金,降低风险投资的税费负担,为企业新产品、新工艺开发以及新技术的商业化等提供长期、低息贷款,有助于推进企业知识产权质押,促进金融机构提供或者增加企业技术、科技成果的转化项目的信贷投放,有效缓解科技创新融资约束,提升企业的创新成果转化率,有助于企业尽早地收回研发成本。

四是提升知识产权保护力度。地方政府对企业专利技术、品牌的保护较好,有助于激发企业创新的活力和积极性。

第三节　提升企业国际竞争力

我国绝大多数地区尤其是中西部地区,传统工业企业占比较高,这些企业普遍缺乏核心技术、产品附加值低、产品同质化严重、研发投入低。近年来,随着经营成本的不断上升,这些企业在与发达地区和外资企业的激烈竞争中往往处于劣势,利润空间也被竞争对手持续压缩,严重影响了这些地区的工业持续健康发展。降低制度性交易成本,有助于提升这些地区企业的国际竞争力。

一是降低企业通关成本。通过电子口岸建设、国际贸易单一窗口建设,以及关检合作"一次申报、一次查验、一次放行",实现无纸化通关,强化大通关协作机制,加快从串联执法转为并联执法,实现口岸管理相关部门"信息互换、监管互认、执法互助",提高通关效率,缩短进出口环节海关查验检疫时间,降低外贸企业海关滞留时长,此外,吊装移位的仓储费用、集装箱检验检疫等作业费用也会降低。实行整车进口一体化快速通关模式和整车进口业务,有助于节约成本。另外,相关口岸管理部门通过信息互换、监管互认、执法互助等一系列措施实现企业分层,如果某个企业的信用记录良好,则会相应降低抽检概率,从而降低企业的成本。

---

① 倪庆东.建立科技创新融资风险补偿机制[N/OL].[2013-09-26].人民日报,http://opinion.people.com.cn/n/2013/0926/c1003-23037314.html.

二是有效规避出口风险。作为外向型经济体，近年来我国出口面临的风险越来越高。不确定因素导致货物或服务相关利益损失，如出口方收不回或不能按时收回贷款，被索赔或者拒收货物。另外，进口国的政治动荡或政策变化也会给企业带来风险，如国际政治风险、法律风险。而国际市场上产品需求量变化、产品生产周期变化、竞争对手变化、产品价格波动、汇率变化以及各种不可抗力风险均会带来出口的风险。而短期出口信用保险规模的增加以及出口信用保险保费财政补贴比例的提升，能够激发相关出口企业广泛采用出口信用保险等政策工具，降低货物出口的费用，减少甚至规避出口过程中面临的收汇风险。

三是降低企业生产要素成本。企业的发展尤其是制造业企业的生产经营需要各种生产要素的投入。在诸多生产要素中，企业对能源如电、气、油等以及信息成本等公共资源和能源费用支出基本上执行的是政府定价和指导价格。而上述费用属于企业正常生产经营活动的成本，通过采取不同的手段结合措施可以降低企业的生产要素成本。如对于企业用电成本，可以降低一般工商业企业的用电价格，通过开展电力直接交易，推动企业错峰生产、夜间用电，对竞售区的相关龙头企业、高成长企业等可以将低谷时段时间延长，提升企业对变压器容量报停或减容申报频次，在竞争环节充分引入竞争，符合准入条件的发电企业、售电公司和用户可自主选择交易对象，确定交易量和价格，打破电网企业单一购售电的局面，形成"多买方—多卖方"的市场竞争格局。通过引进优质外购电，实现火电、水电并济，从电源环节减少成本，可以降低企业基本电费。对于企业的用气成本，按照天然气上下游价格联动机制、本地区天然气购气成本的变化，加快降低城市门站气价和中间环节加价，这样上游获得的降价将会惠及相关工业用户。就企业用地成本来看，不断摸索工业用地供应方式，如采取长期租赁、先租后让、租让结合等措施，有助于提高工业用地的土地利用率和增加容积率，降低土地出让金和城市基础设施配套费，从而降低工业用地成本。在用网方面，随着"宽带中国"战略的落地实施，2017年以来，中国移动和中国电信持续下调中小企业宽带和互联网专线资费，中国移动企业宽带资费累计下降45%，中国电信专线标准资费累计下降58.5%，分别惠及中小企业超过400万户和380万家。同时，三大运营商提升中小企业网络接入速率。提速降费和服务的持续优化有助于中小企业开源节流、数字化转型，恰逢赶上5G、云、物联网技术更迭的历程，有助于企业的信息化发展，激发中小企业活力，支撑国家经济高质量发展。2019年，中小企业宽带平均资费再降低 15% 的目标已经完成，移动网络流量平均资费再降低 20% 以上，在全国实行"携号转网"①，极大地促进了"互联网＋"的发展，降低了新业态、新场景、新模式的成本，有助于新动能优化资源配置，推动跨界融通发展和大众创业万众创新，推动产业升级。

四是促进企业公平竞争。经过多年的国际市场竞争，我国部分出口企业具备了很强的创新能力，积累了丰富的知识产权和技术研发储备。面对新冠肺炎疫情全球蔓延，全球经贸活动显著降低，外贸出口企业面临着前所未有的国际市场外需疲弱压力，全球产业链终端需求明显降低，出口转内销成为重要的转型途径，但同样面临着制度性交易成本压力，一方面，转内销时可能需要承担被侵权的风险以及高额的维权成本，高质量产品转内销面临着低价低质产品的恶性竞争；另一方面，可能面临内外贸税费优惠差异问题。传统出口导向政策体系下出口产品享受较多优惠政策，但企业将产品转销到国内市场，则需要补缴进口税以及缓税利息等税费，提高了企业的成本。通过暂免征收加工贸易企业内销税款缓税利息，鼓励企业通过电子商务、专业展览等相关平台来衔接超大规模的内地消费市场，能够减少企业搜寻成本，精准对接消费者的个性化需求，推进内贸流通体制改革，加强知识产权保护，提供多种形式的信用担保，简化出口转内销产品认证程序，优化贸易监管体系和标准有助于不断降低出口转内销的制度性交易成本。

第四节　推进制造强国建设

制造业是立国之本、强国之基，是一国经济发展的重中之重，也是参与国际竞争的有力武器。我国制造业大而不强，尽管近年来取得了一系列成果，但是从全球范围来看，一些制造业企业技术更新换代慢、附加值低、利润单薄，关键核心技术、高端装备制造业对外依存度高。企业尽管规模较大，有的甚至进入世界 500 强，但是绝大多数制造业企业规模偏小、效率较低、缺乏世界知名品牌，还存在产能过剩的问题。受制于劳动力短缺、资源紧张及环境标准提

---

① 李克强在十三届全国人大二次会议上作的政府工作报告（摘要）［N/OL］.［2019-03-06］.经济日报，http://paper.ce.cn/jjrb/html/2019-03/06/content_385357.htm.

升，传统制造业的竞争优势已经减弱。为此，国家很早便开始了制造业的转型，通过制造强国建设来重塑竞争优势。降低制度性交易成本有助于推进制造强国建设，主要包括两个方面的内容。

一方面，提高制造业的创新速率。降低制度性交易成本，有助于来自高校、科研院所的创新成果及时转化为制造业的产品，并且加快新技术、新成果进入市场的步伐，从而缩短制造业产品的上市周期；通过降低关税等成本，我国可以从国外引进更多更前沿的技术和装备，从而加快我国制造业的技术消化吸收速度，提升技术创新的维度，实现我国相关技术从跟跑、并跑到领跑的转变。除此之外，营商环境的改善还有助于吸引更多的发达国家的制造业在我国落地，加快我国的制造业创新，一些制造业支持政策也会更加稳健、透明、公正，从而对制造业企业形成稳定、长期的预期，激发其创新的积极性和活力，使其愿意为创新投入更多资源。

另一方面，有助于推进制造业的数字化、智能化升级。无论是大企业之间还是大企业与小企业之间，在参与市场活动的过程中均面临着交易成本。由政府搭建工业互联网、大数据平台，统一数据标准，鼓励企业上云等，有助于企业通过信息互联互通，克服信息孤岛，不仅有利于降低企业间的交易成本，而且有利于促进信息技术和制造业的融合。小企业可以根据自身优势开展数字化、智能化转型，在产业链上找到位置，通过合理分工提升专业化水平，从而加快打造制造业隐形冠军的步伐；大企业则可以借助产业链核心地位优势，将要素、资源、技术等进行集成，借助数字化、智能化在更大范围内优化配置资源，提升产业链集成和引导能力，从而提升全产业链的竞争力。

第五节　优化营商环境

营商环境反映了一个国家的软实力，对其进行优化能够显著降低相关制度性交易成本，从而带动市场主体发挥积极性，激发经济社会发展动能。为此，我国各地区不断寻求降低制度性交易成本的路径与方式，通过找差距、补短板，我国的营商环境大为改观。按照世界银行发布的《2019年营商环境报告》，我国"营商便利度"排名由第78名提高到第46名，"获得建筑许可""获得电力""跨境贸易"得分大幅跃升，"开办企业""纳税""登记财产""保护中小投资者"这些方面的得分增加幅度较小，"执行合同"保持了较高的排名。这些无不反映了我国为降低制度性交易成本、优化营商环境所做的努力，具体包括以下几个方面。

一是政府机关的政策和规章制度不断公开透明。制度建设是营商环境优化的根本，政策规章公开透明，有助于加快构建公平可预期的营商环境。行政机构办事程序简化、办理时间缩短，极大地降低了企业与政府和监管部门打交道的综合成本，企业很少受到上级行政部门多头监管和重复监管，政府实施市场准入负面清单制度、优化融资环境，有助于优化办事程序，节省时间。

二是推行市场准入负面清单制度。非行政许可审批和涉企行政事业性收费全部取消，推进企业开办时间和注销便利化改革，借助全程电子化登记，设立"企业开办"一站式受理窗口，推广在线刻制公章、在线申领发票、银行电子开户等措施，有助于建设企业开办"全链通"平台，将市场监管、公安、银行、税务等相关涉及事项办理部门业务流程加以整合，从而形成一张网。这将有助于压缩企业开办时间和注销时间，提升企业开办和注销审批事项的效率。

三是尽量减少限制性措施。《优化营商环境条例》和《外商投资法》两部重磅法律法规于2020年1月1日起开始实施。通过精简行政审批事项，修订《外商投资产业指导目录》，减少限制性措施，强化事中事后监管，而"双随机、一公开"监管的全面推动和在"先照后证"改革中推行全程电子化和电子营业执照，不仅优化了政府服务，有助于建立部门间企业信用信息共享机制，有效降低交易成本，而且制度性交易成本的降低，有助于塑造公平的竞争环境。通过推进行业协会、商会与行政机关脱钩，查处和清理违法违规强制企业付费参加考核、评比、表彰、赞助、捐赠等项目，将有助于继续改善国内营商环境，极大地提高社会投资创业的热情。

第六节 落实供给侧结构性改革

供给侧结构性改革与制度性交易成本息息相关。制度性交易成本是否降低、降低多少是由供给侧结构性改革的力度、强度和深度决定的，是供给侧结构性改革的内容，也是目标和核心诉求。与此同时，制度性交易成本降低又能进一步促进供给侧结构性改革的有效实施。降低制度性交易成本依赖于政府职能的转变、管制的放松、规则的完善、审批事项的压缩和清理等，而这也是供给侧结构性改革的重要方面，是政府对自身变革和完善的过程。政府必须有壮士断腕的勇气，只有不断深化改革才有助于破除长期深藏在政治制度、经济制度、社会制度等领域内的机制体制障碍。降低制度性交易成本有助于进一步落实供给侧结构性改革。

一方面，有助于解决长期积累的结构性问题。通过降低制度性交易成本，之前束缚要素、资源流动的相关障碍被扫除，在市场起决定性作用的推动下向全要素生产率高的产业、区域快速流动，从而引起产业结构、区域结构的调整，一些高技术含量、高附加值的绿色产业将会得到长足发展，而这将改变某个产业或地区的经济增长动力结构，从而有助于推动经济实现内生增长。与此同时，这也将改变长期存在的区域发展不均衡、不协调问题。

另一方面，有助于提升政府政策的效能。通过降低制度性交易成本，原本政策制定时要考虑的政策执行偏差、修正和调整不断等问题会变少，顶层设计和基层经验将结合得更加紧密，政令的畅通程度进一步提升，不仅有利于减少供给侧结构性改革中面临的方方面面的冲突，而且有利于上下拧成一股绳来应对改革前、改革中的关键问题，确保政府有更多的时间和精力去啃硬骨头，去解决供给侧结构性改革中更深层次的问题，实现政府既定的目标，提升政府政策实施效能。

第七节　推动经济高质量发展

经济高质量发展离不开产品和服务的高质量。如果企业将所节约的成本用于职工生活补助、转岗培训、技能提升等培训，不仅能够提高职工业务技能，强化生产过程的调整和控制，减少因技能不足、操作调整不当、调整能力差、识别判断能力不足、设备事故停机产生的产品质量问题，降低废次品率，即提高成材率、合格率，而且为企业节省了生产成本损失，提高产品的质量和企业竞争力，有助于推动经济高质量发展。具体来说，通过降低制度性交易成本能够从以下几个方面促进经济高质量发展。

一是降低或者取消企业合并、分立、出售、置换等市场行为的税费。企业通过合并、分立、出售、置换等方式能够将全部或部分实物资产、债权、劳动力加以转让，在转让过程中，有关货物转让免征增值税，有关不动产、土地使用权转让免收营业税、增值税。企业整体改制如果与国有土地、房屋产权转移、变更相关，可以暂不征收土地增值税，承受方免征契税，企业通过改制签订产权转移书据也可以免征印花税。这些措施，有助于推进企业完成自身发展战略，有利于推进企业的重组改制，加快落后产业中企业的退出，加快无产可破企业的破产退出，化解过剩产能。相关行业开展排污权有偿使用和交易，促进高耗能企业的改造，推进企业使用清洁能源，减少二氧化硫、氮氧化物等空气污染物的排放，可以有助于企业降低资源环境改造成本。

二是对投资项目相关报建手续进行区域性统一评价。如果对已经整体规划、主导产业明确、功能定位清晰的工业园区、开发区、产业聚集区或功能区，由政府委托，统一进行环境影响、水土保持、矿床压覆、文化保护、地质灾害危险性、地震安全性、气候可行性等评价评估，对于入驻园区的符合整体规划、主导产业、功能定位的投资项目不单独进行评价或简化评价手续，不仅可以缩短企业在园区的施工进度，而且可以减少企业为了评估所支出的费用。

三是降低全行业的物流成本。现代物流业的发展有助于促进产业结构调整、转变经济发展方式和增强经济竞争力。当前我国物流成本尤其是工业企业物流成本偏高，一些外贸货物往往涉及水运、公路和铁路，期间转运费用、短驳运输成本较高，"公铁水"无缝联运程度较低，导致"最后一公里"问题突出。近年来，绿色通道政策的实施尽管降低了车辆通行成本，但收益未传导至产业链的上下游环节，产业链两端的生产者和消费者未能真正享受优惠。根据中国财政科学研究院的调研报告[①]，2016—2018年三年间，企业户均物流成本年均增长19.7%。其中，中部地区增长最快，增速为25.90%，东北地区增长最缓（12.28%），东部地区和西部地区分别为17.56%和17.18%。如果按照所有制划分，基本上除了集体企业外，大部分所有制企业的物流成本都是上升的，三年间国有企业

---

① 中国财政科学研究院.降成本与实体经济企业高质量发展［EB/OL］.［2019–10］. http://ts.whytouch. com/pdf/g3e1c0449284d45c695961f94f1e8751/index.php.

户均物流成本最高，均值为 3989.87 万元；集体企业最低，均值为 656.23 万元；外资企业和民营企业户均物流成本居中。分行业看，租赁和商务服务业企业的户均物流成本出现下降，其他行业则相反，特别是交通运输业企业户均物流成本最高，三年平均达到 7362.79 万元，邮政业企业位居末位，三年平均为 50 万元。作为劳动密集型行业，人工成本及燃油价格过快上升、车辆保养维修费用上升是导致物流成本抬升的重要因素。第一，降低物流直接成本。降低物流行业的税费、二级维护费用，推进多式联运转运，加大铁水联运班列开行比重，促进公路、铁路、水路、航空等运输方式有效衔接，完善不同运输方式之间的连接和转运设施，大力发展集装化运输，全面推进"港站一体化""公铁一体化"，推进公路、铁路、水路、民航等基础设施"最后一公里"的衔接，取消机场、铁路、港口码头不合理的收费项目，禁止指定经营、强制服务、强行收费行为。第二，提升物流行业的信息化、网络化、标准化、集约化、规范化、科技化，通过交通运输物流信息化建设，联动和协同多行业的物流，优化综合运输网络布局，使得相关企业共享物流信息，提高物流服务能力，促进当地有比较优势的特色资源、产品流动，加快物流行业的集聚，促进物流服务的集成创新，完善县、乡、村三级配送网络设施及运输管理信息化平台建设，协调小批量产品组合运输，提高物流企业装载率，加强对多式联运的引导，优化物流功能要素的关联，实现功能要素集约和传导。第三，降低产业链条的物流成本。产业链条的成本由产、销、仓、运、配五大节点构成。要大力推进仓、运、配一体化的运营体系，使物流企业在物理上与上下游生产企业、仓储企业、运输和销售企业无缝对接，最大化地减少中间流通环节，节约人力、物力，减少资源浪费，有效降低成本。第四，通过仓储拓宽和延展产品季节性、时令性问题。加快建设农产品及冷链物流设施，鼓励专业化的第三方冷链物流企业发展，形成完备、系统的农产品冷链物流服务体系。加强产业链条的仓、运、配协同，达到以空间换时间的目的，从运输、仓储、搬运、装卸等方面减免重复迭代的税费。第五，对港口、高速公路通行收费加以规范。除了发布港口服务收费目录清单外，还要对收费单明码标价并向全社会公布，提升透明度；在"绿色通道"方面，做到规范通行证审批的简化，提升城市配送车辆在进城、通行、停靠方面的便利化程度；港口所拥有的相关电子政务平台、辅助平台等不再向企业收取运行维护费用，推动各地区在产品检验检测结果和产品认证上实现互认。

第四章　三次产业的制度性交易成本

制度性交易成本在本质上属于政治型交易成本，主要是指由政府各项政策与制度所带来的成本，也可以理解为是属于企业自身经营性成本以外的，并且受制于政府制度性安排的外部成本。产业的制度性交易成本是各产业所属企业在开展市场交易过程中因遵循政府的公共制度和事权需要而产生的成本[①]。

制度性交易成本是交易主体遵循公共权力而发生的交易行为之外的支付成本。这一类成本具备一定的外在性和强制性，不是企业自身可以改变的，需要通过实施公共制度的创新与变革，才能达到为企业生产运营提供便利条件、降低企业交易成本的目的。

制度性交易成本与国家的制度安排和制度变革密切相关。从我国各行业的发展历程看，我国经济是从计划经济转向市场经济的，政府高度集权的计划经济是经济改革的逻辑起点，并且改革基本上是在政府的引导下"创造性"地进入市场经济，是一种强制性制度变迁或者是一种放松计划管制，微观经济组织由此获得自增长的过程[②]。降低制度性交易成本的过程，也是政府重新审视和调整自身职能边界，逐步退出那些市场干预"越位"的领域的过程。通过适当地下放权力，能激发市场的活力和调动市场主体的积极性，逐步消解公共权力对微观市场和市场主体的抑制作用。

第一节　关于降低第一产业中的制度性交易成本

我国农业正处于从传统农业向现代农业转变的攻坚期，尽管农业农村经济

---

① 王冬莱.制度性交易成本对汽车制造业企业竞争力的影响研究［D］.昆明：云南财经大学，2019.
② 杨秀玉.中国电信行业行政垄断与竞争政策研究［D］.济南：山东大学，2010.

形势稳中有进、总体向好，但也面临着农产品价格"天花板"、生产成本"地板"的双重挤压，以及资源环境瓶颈的制约[①]。农业生产经营方式、农业生产与生态的关系、城乡关系、农产品市场环境等都在发生深刻的变化。破解"三农"新难题，培育农业农村发展新动能，需要以降低农业制度性交易成本为牵引，破除制约农业高质量发展的制度性瓶颈，促进政策红利的释放和农业发展方式的转变。当前，农业主管部门把降低制度性交易成本作为转变职能的突破口，把不该管、不便管、管不了或管不好的事情交给市场和社会，把农业主管部门从微观管理中解脱出来，统筹谋划全局。

近年来，农业农村系统坚持以深化"放管服"优化营商环境，精简审批放宽市场准入，加强事中事后监管促进公平竞争，优化服务质量打通堵点难点，加快激发农业农村市场活力和创新创业创造新动能。各地在机构改革中进一步强化农业行政审批制度改革工作机制。通过完善工作机制，强化责任落实，打通简政放权"最后一公里"，为深化农业供给侧结构性改革、加快农业农村现代化提供了有力保障。

1. 简政放权，释放活力和动力

一是新取消、调整一批行政许可事项。经多轮评估、论证，国务院先后于2018年7月、2019年2月分两批发布取消下放行政许可事项的决定，涉及农业领域的包括部本级1项、中央指定地方实施事项5项。结合机构改革后新的职能职责，将部本级1项草原征占用的行政许可划转国家林草局，将1项船检的行政许可划转交通运输部，将3项渔业资源保护的中央指定地方实施事项划转自然资源部。累计推动取消调整由法律、行政法规设立的指定地方实施事项21项，保留82项。切断中介服务利益关联，停止18家部属单位、社团、企业的中介服务，取消原来指定的中介服务机构29家[②]。

二是强化取消下放承接。自2013年以来，农业农村部门共废止与行政审批制度改革不相适应的部门规章和规范性文件84部，修订88部部门规章和规范性文件。针对取消下放事项，组织开展全口径有针对性的综合培训，以及分行

---

① 宗锦耀 . 全面深化农业行政审批制度改革［J］. 农村工作通讯，2019（21）:23-25.

② 宗锦耀 . 全面深化农业行政审批制度改革［J］. 农村工作通讯，2019（21）:23-25.

业分领域的专题培训。对取消下放落实情况进行"回头看"。各省（自治区、直辖市）及时梳理修订权力清单，制定下放承接许可事项审批规范和取消事项后续监管落实方案，完善中介服务清单、随机抽查清单、监管责任清单等，推动改革落实落地。

三是协同推进"证照分离"改革。按照在全国范围内推开"证照分离"改革工作部署，针对第一批106项涉企行政审批事项中涉及农业农村部的3项事项，按照"优化准入服务"改革方式，逐一制定精简审批材料、压缩审批时限、优化办事流程等具体措施[①]，增强审批透明度和可预期性，并在全国推开。

2. 公正监管，维护公平和秩序

一是完善监管制度和责任落实。农业农村部积极推动《种子法》《农药管理条例》《兽药管理条例》等法律法规制修订，制定《农作物种子质量监督抽查管理办法》等部门规章，完善饲料、肥料等的市场检查和监督抽查制度。各省（自治区、直辖市）分类制定工作措施，按照"谁主管、谁监管，谁审批、谁监管"的原则，从制度层面逐级落实事中事后监管责任。

二是推行"双随机、一公开"监管。对照现行农业法律法规与部门规章和机构改革后农业农村部新的职能职责，清理"双随机"监督检查事项、法律依据、检查内容、检查对象，修订发布随机抽查监督检查事项清单，细化随机抽查工作方案和实施细则，分司局、分行业加强检查对象、检查人员名录库"两库"建设。组织开展种子、农药、肥料、兽药、饲料等农业投入品和部级农产品质量安全检测机构检查，对检查发现的问题依法依规坚决查处，规范和保障市场秩序，保护农民利益。

三是健全重点领域信用奖惩制度。建立行政许可和行政处罚信用信息查询系统，归集行政许可和行政处罚信息近20万条，并推送至全国信用信息共享平台。会同29个部门共同签署《关于对农资领域严重失信生产经营单位及其有关人员开展联合惩戒的合作备忘录》（发改财金〔2017〕346号），让失信人员"一处失信，处处受限"。福建、浙江等地通过完善行政审批主体信用档案制度，加强信用信息归集，对守信主体加大激励和扶持力度，对失信行为建立联动约束

---

① 宗锦耀. 全面深化农业行政审批制度改革［J］. 农村工作通讯，2019（21）：23—25.

和惩戒机制，引导各类主体诚信经营、规范发展。

四是深化农业综合行政执法改革。积极贯彻落实《关于深化农业综合行政执法改革的指导意见》(中办发〔2018〕61号)，通过开展专门督导、推广典型经验等举措，指导和督促各地推进农业综合行政执法改革。截至目前，省级改革已基本完成，28个省（自治区、直辖市）印发了农业综合行政执法改革实施意见，24个省（自治区、直辖市）明确了省级农业综合行政执法机构。市、县两级改革取得明显进展，144个地市印发了本地区农业综合行政执法改革实施意见，147个地市明确了地市级农业综合行政执法机构，占应开展地市的43%；712个区县明确了县级农业综合行政执法机构，占应开展区县的28%。

五是推进严格规范公正文明执法。推行行政执法公示制度、执法全过程记录制度和重大执法决定法制审核制度，开展全国农业行政处罚案卷评查，促进农业综合行政执法透明、规范、合法、公正。

3. 优化服务，获得便利和品质

各级农业农村部门以行政审批为依托，努力打造为民服务、勤政务实、清正廉洁的队伍形象，成为农业农村部门面向社会公众的第一窗口。

一是深入推进审批服务便民化。农业农村部制定了深入推进审批服务便民化15项具体措施并抓好落实，方便企业和群众办事创业。2019年以来，持续开展"三减一优"便民服务活动，通过减材料、减环节、减时限、优化审批服务，共推动减少申请材料87项，优化减并审批环节7项，15项许可事项平均压减行政办理时间6个工作日、技术审查时间41个工作日。落实"减证便民"要求，取消部门规章和规范性文件设定的证明事项25项[①]。

二是解决企业和群众办事堵点难点。组织行政审批制度改革综合调研，启动开展第三方评估，针对存在的困难和问题研究深化改革措施。建立完善审批服务监督员制度，聘请12位申请人和专家为农业农村部审批服务监督员，并召开监督员座谈会，征求意见建议。做好"群众办事百项堵点疏解行动"任务落实，对群众反映的问题列清单、建台账，逐一跟踪落实到位。

三是推行行政审批全程电子化。以"兽药产品批准文号核发及标签、说明

---

① 宗锦耀.全面深化农业行政审批制度改革［J］.农村工作通讯，2019（21）:23–25.

书审批"为试点，推动行政许可事项"网上办"，实现从提交申请、省级初审、大厅受理、技术支撑单位审查、司局审核到结果公开的全流程电子化审批，让数据多跑路、群众少跑腿，促进审批工作依法依规、公开透明、高效快捷。

四是创新审批服务方式。各地以群众满意为标准，创新思路方法，行政审批工作质量和服务水平不断提高，天津的"一制三化"、上海的"行政审批双减半"、江苏的"不见面审批"、浙江的"最多跑一次"、山东的"一窗受理"、湖北的"四优一提"等改革模式，得到了社会公众的一致好评。

专栏4.1：以标准化建设为引领　全面提高审批服务水平

多年来，农业农村部持续深化行政审批制度改革，大力推进简政放权，秉承"用心承诺、用爱沟通"的服务理念，坚持"便民、高效、规范、廉洁"的工作原则，促进服务型政府建设。农业农村部政务大厅先后7次被共青团中央、中央国家机关团工委授予"青年文明号"称号，成为全国行政服务大厅"百优"典型，树立了农业农村部第一窗口、第一形象。

农业农村部行政审批综合办成立于2003年，综合办公大厅（现更名为政务大厅）于当年11月17日正式对外。农业农村部把推行综合办公作为深化行政审批制度改革的重要举措，2003年率先在国务院部门中设立综合办公大厅，实行"一个窗口对外"。农业农村部分期分批将保留的行政审批项目全部纳入综合办公，实行统一受理、统一回复；选派懂业务的干部到政务大厅集中办公，对申请材料是否合规、是否齐备进行初审，实行一次性告知；对初审合格的分送各业务司局审查办理，并全程跟踪督办，实行限时办结；对所有行政许可逐项编写办事指南和审批工作规范，实行"五规范"标准审批。

实现"四个率先"。改革创新、敢为人先是农业农村部政务大厅屡创先进的生命之源。农业农村部政务大厅始终坚持以群众满意为导向，以改革创新为动力，以团队建设为载体，出实招、办实事、求实效，努力打造农业农村部第一窗口、第一形象。农业农村部政务大厅通过积极创新窗口服务内容，不断进行自我超越、自我提升，在国务院各部门中实现了"四个率先"：率先做到统一受理和回复行政许可申请，实现"一个窗口对外"；率先采用CA电子签名认证技术，实现行政许可网上申请；率先开通行政许可电子监察和网上投诉系统，推动行政审批权公开透明运行；率先开设信息查阅区，丰富综合办公大厅服务功能。农业农村部政务大厅用一流的工作业绩体现了为民服务的宗旨。

打破"信息孤岛"，全面推行网上审批。农业农村部以推进政务信息资源共享为契机，推进"互联网＋行政审批"，整合门户网站与网上政务大厅，完善行政审批综合办公系统，优化网上办理、信息查询、电子监察、投诉举报等功能，汇聚部本级行政许可、其他政务服务和全国所有省级农业行政部门服务事项，率先建立了全国统一的"一站式"网上农业办事查询服务窗口，实现行政许可事项"应上尽上，全程在线"。

优化办理流程，聚焦企业群众关切。按照标准化、规范化和法治化要求，落实《行政许可标准化指引》，重新修订行政许可事项服务指南，将指南要素由7项扩展到22项，有效规范审批行为，压缩自由裁量空间，提升依法行政水平。及时召开申请人座谈会，听取企业和群众的意见建议，对所反映的问题列清单、建台账，逐一跟踪落实到位。开展农业行政审批改革延伸绩效管理，推动标准化建设向省级延伸。

第二节　关于降低第二产业中的制度性交易成本

第二产业领域的制度性交易成本主要体现在制造业企业产能投资过程中。中国产能具有独特性，行政审批在某种程度上成为地方政府干预微观产能的直接手段，地方政府借助行政审批权限促进产能快速增加，甚至导致产能过剩问题。中国部分行业的产能过剩已超出正常的市场竞争范围，如钢铁、电解铝、水泥、平板玻璃、船舶等行业表现得尤为明显。某些领域的价格机制不完善，扭曲了投资行为，进而导致公平竞争的市场环境建设迟滞，仅仅以集中审批、管控竞争行业发展的方式已经难以抑制产能过剩[1]。例如，2013年11月，为进一步加强船舶行业管理，引导船舶工业持续健康发展，工业和信息化部制定了《船舶行业规范条件》，对船舶行业在生产、计量检测、建造技术、节能环保等多个环节提出了要求，并于2014年9月（51家）、2014年12月（9家）、2015年12月（11家）、2017年5月（6家）分四批公布了符合条件的77家船企（以

---

[1]　工信部部长：改变行政审批机制 严控产能无序扩张 ［EB/OL］. 新华网，http://www.xinhuanet.com/.

下简称"白名单"），但是，这种利用行政审批来推动行业发展的措施，不利于船舶企业间的公平竞争，"白名单"推出后，一度成为企业贷款的门槛之一，部分没有入选"白名单"的中小船企，因贷款困难而发展受限。

地方政府的审批，很可能不是在筛选合格的企业进入，而是替代市场决定企业是否进入，从而给予政府自身调动资源扶持企业的权力，是政府在替代市场配置资源和选择产业及企业[1]。按照公共选择假说，包括行政审批在内的政府管制会造成资源的错配。比如说，政府可能为了维护在位企业的垄断利润，设置严格的管制以阻碍新企业的进入。Stigler（1971）[2]、Shleifer 和 Vishny（1993）[3]更进一步认为，管制本身就是政府官员向企业征收"过路费"的机制，不仅会阻碍企业的市场进入，而且会造成官员腐败[4]。

1. 深化改革，积极谋划简政放权

主动取消、下放行政审批事项。一是自 2013 年到 2020 年 5 月，累计取消、下放行政审批事项 29 项，全部取消了非行政许可审批；二是全面落实工商登记"先照后证"改革，除 "民用爆炸物品生产许可"因涉及安全继续保留为工商登记前置审批事项外，其他所有前置审批事项均改为后置审批[5]；三是对多项行政审批中介服务事项进行了集中清理，取消了 9 项行政审批前置中介服务事项；四是全部取消以部门规章、规范性文件等形式设定地方实施的行政审批事项。

积极谋划简政放权工作。在简化行政审批流程方面，针对行政审批过程中申报材料繁多、复杂等问题，通过调整技术规范、减少重复内容等方法，达到精简环节、优化流程的目的。2019 年 4 月 2 日，工业和信息化部决定不再直接管理船舶行业规范条件相关工作，《船舶行业规范条件》和《船舶行业规范企业监督管理办法》自当日起废止，造船"白名单"在推出五年后，正式成为历史。自 2019 年 6 月 21 日起，《汽车动力蓄电池行业规范条件》废止。

① 刘诚，钟春平 . 产能扩张中的行政审批：成也萧何，败也萧何［J］. 财贸经济，2018，39（3）:50–64.
② Stigler,G. The Theory of Economic R egulation［J］. Bell Journal of Economics and Management Science, 1971（2）:3–21.
③ Shleifer, A., and R. Vishny. Corruption［J］. Quarterly Journal of Economics, 1993（108）:599–617.
④ 毕青苗，陈希路，徐现祥，李书娟 . 行政审批改革与企业进入［J］. 经济研究，2018，53（2）:140–155.
⑤ 陈祎淼 . 增强企业获得感　工信部加大简政放权力度［N］. 中国工业报，2016–03–21（A01）.

加强公共服务平台建设。梳理行政权力事项和公共服务事项,规范线下行政许可行为,完善线上线下办事指南,建设行政许可事项网上"一窗口"受理系统,实现行政许可事项"一网通办"。整合无线电业务许可、电信业务许可和电信设备进网许可三个专项实体大厅,建设统一的政务服务实体大厅,推进行政许可业务办理线上线下融合。

2.加强监管,主动探索放管结合

完善监管制度设计。一是通过备案报告、抽查检查等措施,对取消的行政审批事项及时提出后续管理办法,加强事中事后管理。二是对下放到地方的行政审批事项,通过制订方案、提出要求、加强沟通等多种方法,确保衔接到位。三是注重顶层设计,在深入调研的基础上,针对取消、下放、保留以及"先照后证"改革后行政审批事项的不同特点,出台了《工业和信息化部关于深化行政审批制度改革加强事中事后监管的指导意见》,提出了加强监管的主要内容和具体措施。

放管结合防止缺位。工业和信息化部在积极有序推进"放"的同时,更加注重加强监管,做到放管结合。一是确保后续管理到位,在取消和下放行政审批事项的同时,研究提出后续管理措施,通过备案报告、日常巡查等,加强事中事后监管;通过制订方案、提出要求、加强沟通等,确保后续管理衔接到位。二是加快配套改革,出台了"先照后证"改革后加强事中事后监管的实施意见,组织开展了在检查工作中推广随机抽查规范事中事后监管的工作,提出加强监管风险监测研判,充分运用大数据、物联网等现代信息技术,整合抽查抽检、网络市场定向监测等相关信息,提高发现问题和防范化解风险的能力,推动线上线下一体化监管。三是针对通信行业的特点,研究出台了通信管理局权力清单责任清单指导意见,统筹推进各省(自治区、直辖市)通信管理局行政审批制度改革工作。

加强行业安全管理。为加强对工业行业安全生产工作的指导,提升本质安全水平,按照"管行业必须管安全、管业务必须管安全、管生产经营必须管安全"("三管三必须")的要求[①],发布《关于进一步加强工业行业安全生产管理的

---

① 工信部发布《关于进一步加强工业行业安全生产管理的指导意见》[J].智能制造,2020(7):12.

指导意见》（工信部安全〔2020〕83号），立足源头预防，做到关口前移，健全完善工业行业安全生产管理责任体系，为工业高质量发展提供强有力保障。

3. 优化服务，精心营造良好环境

营造良好发展环境。一是对工业和信息化部保留的行政审批事项逐项制定了《行政审批事项服务指南》和《行政审批事项审查工作细则》，在门户网站发布所有行政许可事项的办事指南信息。二是以标准化促进规范化，围绕审批办结时限这个关键，出台《行政审批事项受理单文书示范文本》。三是削减审批过程中的繁文缛节，减少和简化审批申报材料。四是对取消下放行政审批事项和商事制度改革涉及的规章进行集中清理，推进行政许可网上"一个窗口"受理。

优化营商环境。工业和信息化部既要精简审批事项，降低准入门槛，为"双创"清障搭台，又要进一步强化事中事后监管，推动政府职能由重审批向更加注重事中事后监管转变；既要把创造良好发展环境作为深化行政审批制度改革的目标，又要把解决突出问题作为改革的突破口和着力点，不断增加企业和群众的获得感。在这方面，工业和信息化部做了一些探索，比如在服务中小企业健康发展上，加快中小企业公共服务平台网络建设，特别是在2020年疫情防控期间，各地国家中小企业公共服务示范平台和国家小型微型企业创业创新示范基地等已举办服务活动4万多场次，开展服务330多万次，服务企业1000多万家次；加强对国家中小企业公共服务示范平台服务业绩、质量和公益性服务活动等方面的管理，落实技术类示范平台享受科技开发用品进口免税政策，支持示范平台发展；完善中小企业管理咨询专家库，鼓励和引导管理咨询机构开展中小企业管理诊断和管理咨询服务，推动中小企业管理提升；加强中小企业人才队伍建设。积极组织实施企业经营管理人才素质提升工程和国家中小企业银河培训工程。

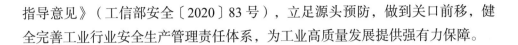

专栏4.2：打造品牌服务平台　助力小微企业发展

河北省搭建了跨部门中小企业政策信息发布平台。

2018年，工业和信息化部认真贯彻落实新修订的《中小企业促进法》中关于"建立跨部门的政策信息互联网发布平台"要求，推动国家中小企业政策信

息互联网发布平台于 10 月 30 日上线运行。各地也积极推动省级中小企业政策信息互联网发布平台的搭建工作，河北省依托中小企业公共服务平台网络，率先建立了河北省跨部门中小企业政策信息发布平台（以下简称发布平台或平台）。发布平台以满足中小企业政策需求为导向，及时、准确地汇集涉及中小企业的法律法规、创业创新、金融市场、权益保护等各类政府服务信息，为中小企业提供便捷的无偿服务，实现跨部门政策信息共享和及时推送，努力打通中小企业政策落地"最后一公里"。自 2018 年 6 月试运行以来，平台已发布涉企政策1487 条，最新政策解读信息 452 条，申报通知 225 条，回复企业咨询问答 171 条，网上点击量超过 23.4 万人次，为各地推动相关工作提供了参考借鉴。

一是完善基础信息，建立政策信息库。安排专人将搜集到的 2013—2018 年与企业相关的政策信息按部门分类整理，剔除了过期废止和过于陈旧的政策信息，目前政策信息库已有 1482 条相关政策信息可供企业进行查询。

二是深入开展政策需求调研。就企业和专业服务机构对政策服务的需求收集意见和建议；根据需求对平台的功能进行梳理，及时增加企业需要的服务功能。

三是建立上下联动的协调工作机制。积极对接工业和信息化部，调研衔接国家层面建立的发布平台；向各市县中小企业主管部门和各窗口平台介绍跨部门政策信息发布平台的基本情况，征求平台建设方面的意见和建议，提出工作配合要求。

四是建立完善考核机制。河北省平台网络的枢纽平台每季度对各部门发布的政策信息、政策解读和回复咨询情况进行统计排名。目前，跨部门政策信息发布平台已形成三个信息收集渠道：河北省平台收集汇总各级政府和相关职能部门发布的最新涉企政策信息、河北省民营经济领导小组成员单位提供的政策信息和相关解读，以及专业服务机构提供的政策、申报信息及服务信息等。经过编辑整理的政策通过河北省平台建立的三级发布渠道进行推送，民营经济领导小组成员单位、平台网络的各窗口平台、中小企业服务机构都是政策发布的参与者。

为多渠道推送政策信息，帮助企业更好地了解政策、使用政策，发布平台组织编制了《河北省民营经济政策摘编》，涵盖税收优惠、人才奖励、企业成长、社会保障等 106 条政策信息，内容包括政策内容、办理程序、部门、电话、政策依据并设置二维码，企业可通过扫码查找政策原文，具有很强的指导性和实用性。政策信息发布平台充分发挥互联网方便快捷的优势，围绕中小企业政策需求，不断完善工作机制，拓展发布渠道，及时、精准推送政策信息，让企业少跑腿，让信息多跑路。

第三节　关于降低第三产业中的制度性交易成本

第三产业（以下称为服务业）的制度性交易成本主要体现在教育、医疗、养老、文化等具有公共性的行业，面临着较高的行业垄断和市场垄断。我国经济是从计划经济转向市场经济的，因此，在大多数服务业的发展过程中，政府相关部门是各行业的开拓者、培育者和规制者。在这一过程中，一些行业的部门主管权力不断扩大。由于改革措施不到位导致角色错位，行业性行政垄断成为市场体系多元化中的"一元"或"数元"利益的代表，主管部门为强化其利益，人为地设置了垄断，形成了行业性行政垄断[①]。

服务业中不同行业面临的行业主管部门不尽相同，有时还会面临多个部门的共同监管。例如，养老服务业主体的管理部门主要是民政部门，养老服务的价格管理部门主要是国家发展改革委和民政部，养老服务质量管理部门主要有民政部、国家标准委、商务部、国家质检总局、全国老龄办等部门。又如，由于针对物流业进行管理沿用的是条块分割的管理模式，到目前为止我国都未能创建出一个统一的物流发展主管机构，物流行业的发展也就难以得到系统性的配置规划，国家难以对物流行业按照不同地域、不同发展状态进行统筹管理，各个区域之间的协调性难以有效进行。传统的条块分割、部门分割以及区域分割的问题仍旧十分突出，物流管理的权限也在这种情况下发生分割，形成多头管理的混乱局面[②]。而服务业中如旅游、餐饮等行业，由于市场化程度较高、进入门槛相对较低，因此产生的制度性交易成本也相对较低。

---

① 杨秀玉.中国电信行业行政垄断与竞争政策研究［D］.济南：山东大学，2010.

② 孙海云.政府在物流产业发展中的作用研究［D］.济南：山东大学，2018.

1. 深入推进行政审批制度改革，激发市场活力

商务部按照"整体谋划、分步推进、先易后难、由浅入深"的原则，大刀阔斧地取消下放行政审批事项。截至 2014 年 9 月，共取消行政审批事项 11 项，占全部 31 项审批事项的 35.5%[①]。在取消事项中，涉及外贸、外商投资、对外援助、国内贸易等各个领域，很多项目社会关注度高、权力格局调整较大，市场活力得到增强。2019 年还废止了《对外劳务合作经营资格管理办法》《外商投资国际货物运输代理企业管理办法》两部规章，修改了 10 部规章。

交通运输部"简"字当头，坚决取消不合时宜的行政审批事项，把该放的权力彻底放掉，积极开展中央指定地方实施行政审批事项清理工作，加强放权协同配套，确保放权事项基层能接得住、管得好。2013 年以来，交通运输部不断推出改革举措，如行政审批改革、投资审批改革、职业资格改革、商事制度改革、收费清理改革等[②]。交通运输部还取消了国际集装箱船、普通货船运输业务审批等 7 项行政许可事项，下放港口设施保安证书核发等 3 项行政许可事项管理层级。自 2013 年"放管服"改革以来，交通运输部累计分 13 批次取消下放 46 项部本级行政许可事项、19 项中央指定地方实施行政许可事项[③]。2019 年，交通运输部以"减证减照"为核心深化商事制度改革，将 40 项涉企事项纳入自贸试验区"证照分离"改革全覆盖行政审批事项清单。

工业和信息化部为进一步激发信息通信市场活力，营造良好的营商环境，推动信息通信业持续健康发展，于 2020 年 5 月 28 日发布了《关于深化信息通信领域"放管服"改革的通告》，主要从六个方面提出了改革举措：一是深化"不见面"审批。二是严格规范涉企检查。2016 年公布了 14 项随机抽查事项清单，印发《工业和信息化部"双随机一公开"监管实施办法》，系统推进"双随机、一公开"监管，取得了积极成效。三是推行并联审批和检测优化。四是缩减相关电信业务经营许可事项的申请材料。五是不断深化"证照分离"等改革。六

---

① 商务部召开"简政放权深化行政审批制度改革"发布会［EB/OL］.［2020-08-21］.商务部网站，http://www.gov.cn/xinwen/2014-09/23/content_2755191.htm.

② 本刊编辑部.交通运输业砥砺奋进的五年回顾（之一）［J］.中国公路，2017（18）:18-21.

③ 交通运输部 2019 年度法治政府部门建设工作情况［J］.中国海事，2020（4）:24-26.

是推进行政审批便民化服务。[①]

2.严格规范行政审批事项，提高行政效率

商务部自 2014 年起将正在实施的现有行政审批事项在商务部网站上向全社会公开，接受全社会公众监督，进一步锁定了改革的底线。在行政审批程序上，充分利用现代信息技术手段，优化在线办事审批系统，积极推进网上审批。例如，商务部网站开通了行政事项结果查询平台，将涉及对外贸易、利用外资、对外合作、服务贸易、反垄断、国内贸易等业务方面的行政事项结果数据化后入库，便于企业和公众查询。通过采取一系列信息公开的措施，商务部较好地实现了放管结合、放管并举的工作要求，也进一步提升了行政审批权力的公开化、透明化，提高了为公众服务的便利化水平。

中国银保监会为适应银行保险监管体制改革需要，规范及统一银行业和保险业行政许可实施程序，发布了《行政许可实施程序规定》（银保监会令〔2020〕7 号），对银行业和保险业在行政许可流程中涉及的程序问题作出了规定，主要着眼于持续推进简政放权、进一步完善银行业和保险业行政许可流程、提升行政审批工作科学性和规范性，同时保障申请人合法权利[②]。

文化和旅游部近年来大幅压缩行政审批事项，并且在受理审批业务时，凡市场监督管理行政部门已登记核准的事项，不再要求提供相关材料。同时，除法律法规有明确规定的以外，设立文化经营单位不再要求最低注册资本，进一步降低了企业准入门槛。此外，文化和旅游部积极推进政务信息公开，公布了文化市场行政审批事项清单，让企业办事做到心里有数。

3.持续加强事中事后监管力度，持续完善管理体系

针对已取消下放的行政审批事项，商务部逐项研究提出后续衔接和事中事后监管措施。一是为避免出现管理真空，及时修订有关规章和办法，采取备案等手段加强监督管理。二是主动与相关部门保持沟通协调，加强与地方商务主管部门的工作衔接，防止工作脱节。三是多管齐下做好后续监管和服务工作，

---

① 工信部深化信息通信领域"放管服"改革提出六方面 19 项举措（附解读）［J］.互联网天地，2020（6）:16-19.

② 欧阳剑环.银保监会发布行政许可实施程序规定［N］.中国证券报，2020-06-05（A02）.

会同有关行业协会、商会强化监测工作，及时发布监测报告和预警信息，并从行业信用体系建设、行业自律、完善培训机制等方面加大指导力度。

交通运输部为打通交通运输行业内不同监管领域之间的信息"壁垒"，积极推广"互联网＋监管"模式。推动开发建设公路建设市场与收费公路监管信息系统，拓展监管事项，提升数据整合、挖掘分析能力，加大服务公众的力度。加强监管信息录入、归集、公示，全面推动实现交通运输领域"双随机、一公开"监管全覆盖、常态化，特别是通过加强交通运输信用体系建设，健全新型监管机制。2019年，累计归集行业信用信息32.7亿条，建立723万个企业和经营业户、1988万从业人员的"一户式"信用档案，对外公示信用信息1.4亿余条。在推进"信用交通省"建设过程中，共有27个省份运用信用承诺制优化行政许可；在交通出行、运输物流、海事执法、公路水运工程建设等领域开展信用评价和分级分类监管；及时向社会公示行业严重违法失信名单，加强守信联合激励和失信联合惩戒。

专栏4.3：交通运输信用体系建设向纵深发展

2017年9月，交通运输部、国家发展改革委联合印发《"信用交通省"创建工作方案》，计划用3年时间，发挥各省优势，推进交通运输领域信用建设。其中，江苏、天津、河南等7个省（直辖市），作为首批重点指导地区参与"信用交通省"的创建工作。本专栏以天津市为代表，介绍天津市在"信用交通省"创建方面的经验。

天津市交通运输局以信用为本、科技为基、执法为标，在"信用交通省"创建实施方案的顶层设计下，开展了以下五个方面的工作。

一套信息归集系统。建成数据资源交换共享平台，汇聚51家行业数据，涉及10个交通行业，38类业务，总量约540亿条，从中提取信用数据约130万条，推送至部市有关部门，实现数据资源的互联互通和信息共享。

两份正反对应名单。对"红名单"主体在行政审批、招标投标、资金扶持、评优评先等方面给予激励，对"黑名单"失信主体实施惩戒，情节严重的将取消运营资格、限制进入天津市交通运输市场等。

三大信息发布平台。天津市曝光红黑名单、发布奖惩案例的三大平台分别是"天津信用交通"网站、公众号、各大媒体，通过多渠道、全方位的公开公示，面向全社会广而告之，实现信用监管、全民监督。

四方联动工作体系。成立了市交通运输委和市发展改革委、市市场监管委、人民银行天津分行为成员的市"信用交通省"创建工作领导小组，在全市范围内形成了分工明确、衔接有序的工作格局；制定了一系列制度文件，逐步完善信用体系制度框架。

五大领域全面发力。建立了涵盖公路建设项目的信用评价体系，实现公路建设领域全覆盖；水运工程建设领域信用评价稳步开展，道路客货运信用体系建设扎实推进；持续推动安全生产领域、水路运输领域信用监管，做到五大领域信用建设全面推进。

中国银保监会对限制竞争的相关政策文件开展专项清理，堵塞制度漏洞。按照"谁起草、谁清理"的原则，针对"通过设置项目库、名录库等方式排斥或者限制潜在经营者提供服务或者商品"等5类违法限定经营的情形，对部门规章、规范性文件和政策措施进行全面清理，推动银行业、保险业监管系统统一监管理念、规范监管行为、提升监管治理能力[①]。中国银保监会系统梳理部门规章、规范性文件7500余件，发现存在涉及指定公示、披露媒体等限制公平竞争问题52件，并交由法规部牵头废止或修订。

4. 认真履行宏观管理职能，提升行政效能

商务部在深化行政体制改革的同时，着力强化其在经济调节、市场监管、社会管理和公共服务等方面的职能，落实国务院稳增长、促改革、调结构、惠民生的各项政策。比如，国务院提出建设统一开放、竞争有序、诚信守法、监管有力的市场监管体系目标。商务部通过及时修订相关规章办法、加强行业统计监测、制定行业标准、加强信息通报以及组织日常巡查等方式，积极推进市场监管体系建设，努力形成权责明确、公平公正、透明高效、法治保障的市场监管格局。

文化和旅游部下大力气推动互联网上网服务行业、文化娱乐行业转型升级，并针对文化市场存在的一些突出问题，坚持把社会效益放在首位、社会效益和经济效益相统一的原则，通过深化改革，建设文化市场综合执法法律法规支撑

---

① 陈昊. 废止或修订52件规范性文件［N］. 中国纪检监察报，2020-03-29（001）.

体系；形成权责明确、监督有效、保障有力的文化市场综合执法管理体制；建设一支政治坚定、行为规范、业务精通、作风过硬的文化市场综合执法队伍；整合文化市场执法权，加快实现跨部门、跨行业综合执法[1]。

5. 清理行政性收费，让利于市场

交通运输部持续开展涉企收费清理工作，不断释放改革红利。开展国际海运收费专项督查，清理规范海运附加费收费；规范国际班轮公司收取码头作业费的行为，调减码头作业费；推出试行无船承运业务保证金责任保险和保函制度，减少占用企业保证金[2]。交通运输部取消船舶港务费等多项收费，降低长江干线船舶引航费等的收费标准，免征部分船舶的船舶登记费、长江干线船舶引航费、拖轮费、停泊费等。

国家发展改革委、财政部、工业和信息化部等多个部门为切实减轻企业负担，降低部分行政事业性收费标准。例如，自2017年4月1日起，取消城市公用事业附加和新型墙体材料专项基金；取消或停征房屋转让手续费、机动车抵押登记费等多项涉企行政事业性收费[3]。自2019年7月1日起，国家发展改革委、财政部发布通知，降低出入境证照类收费、无线电频率占用费、商标注册收费等部分行政事业性收费标准。

---

① 中办国办印发《关于进一步深化文化市场综合执法改革的意见》[N]. 人民日报, 2016-04-05 (001).

② 杨红岩. 大刀阔斧简政放权 激发市场活力动力 [N]. 中国交通报, 2017-09-07 (001).

③ 天酬. 自拆香火 反哺实业 [J]. 中国储运, 2017 (5):12.

第五章　我国降低制度性交易成本的实践探索

第一节　中央统筹出台一系列配套政策

制度性交易成本从根本上而言是因为制度约束而产生的成本，重点是指由政府的相关方针和制度所形成的费用，也可以被视为不包括企业自己经营性成本在内的但会被政府制度性设置的外部成本所影响的费用[①]。现阶段，我国经济发展进入了新常态，经济发展的整体情况相对不错，发展空间很大，柔韧性佳，商量的空间大；然而也存在各种艰难险阻，尤其是产能过剩问题十分明显。我国的许多企业往往都存在运营费用较高的问题，制度性交易开支大、税费开支大、筹资开支大已经成为不利于发展的重大问题，对于企业平稳发展与竞争地位的提高是不利的，同时还使得企业经营开始走下坡路，不利于平稳上升、调结构工作的开展，也给促进供给侧结构性改革、促进循环经济的发展带来了巨大的考验。[②] 降低实体经济企业成本是党中央、国务院出于考量处理实体经济企业发展问题、协助企业转型发展、促进供给侧结构性改革而作出的决策安排，对科学处理现阶段经济问题、提升经济又快又好发展的能力具有重要意义。政府出台降成本政策，从短期看，有利于企业克服眼前的困难，实现扭亏转盈；从长期看，有利于企业优化营商环境，促进企业转型发展，政府可以发挥更加直接、更加显著的作用。

2015 年 12 月，中央经济工作会议首次提出"要降低制度性交易成本，转变政府职能、简政放权，进一步清理规范中介服务"。会议作出促进供给侧结构性改革的重要安排，指出着重将去产能、去库存、去杠杆、降成本、补短板 5 个领域的事务做好。会议要求要打出"组合拳"，着力降低实体经济企业成本。

---

① 孙萍，陈诗怡.营商政务环境：概念界定、维度设计与实证测评［J］.当代经济管理，2020（10）.

② 郑福芹.供给侧结构性改革视角下降低实体经济企业成本的对策分析［J］.中国乡镇企业会计，2018（11）:117-118.

2016 年国务院下发《降低实体经济企业成本工作方案》（国发〔2016〕48 号，以下简称 48 号文）[①]，对降低实体经济企业成本作出明确要求。2018 年中央经济工作会议系统性地提出帮助企业降低制度性成本，包括交易成本、社会保险费、财务成本、电力价格等，成为供给侧结构性改革的关键环节。有关"降低制度性交易成本"的政策陆续在中央和各地区落地。

1. 政策总体概况

2015 年至 2020 年 6 月 11 日，在中国政府网以"降低制度性交易成本"为关键词进行高级检索发现，涉及"降低制度性交易成本"的政策文件有 53 个。根据发布单位划分，中央方面的文件为 4 个，国务院文件为 31 个，国务院部门文件为 18 个。按政策内容来看，"降低制度性交易成本"的政策文件涉及社会生活多个领域和主题。

（1）政策领域分布

"降低制度性交易成本"的政策涉及综合政务、国民经济管理和国有资产监管、国土资源和能源、工业和交通、商贸、海关、旅游、市场监管、安全生产监管、劳动、人事监察等主题。特色分类有"放管服"改革、创业创新、减税降费、增值税改革、营商环境、政务服务、"互联网 +"、政务公开、民间投资等，部分政策涉及多领域，具体分类数量见图 5-1。

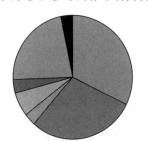

图 5-1　有关"降低制度性交易成本"政策主题分类统计

（2）政策主题分类

有关"降低制度性交易成本"的政策包含综合政务、国民经济管理和国有

---

① 降低实体经济企业成本工作方案［S/OL］. http://www.gov.cn/zhengce/content/2016-08/22/content_5101282.htm.

资产监管、财政金融审计、国土资源和能源、农林业和水利、工业和交通、商贸和海关、市场监管和安全生产监管、劳动和人事监察等主题,经文本梳理,这些政策可细化为民间投资、政务公开、"互联网+"、政务服务、营商环境、增值税改革、减税降费、创业创新、"放管服"改革共九大特色主题,因部分政策涉及多个主题,因此采取合并同类项,可将其归纳为"深化'放管服'改革""优化营商环境"和"互联网+政务服务"三大类。

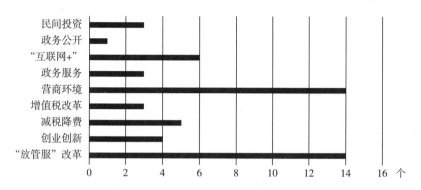

图5-2　有关"降低制度性交易成本"政策特色主题分类统计

（3）政策时间分布

经统计,2016年至2019年,有关"降低制度性交易成本"的政策数量并不均等,且每年的主题侧重点都不尽相同。2016年,综合政务类主题的政策出现了5次,占2016年全年有关"降低制度性交易成本"政策的50%,说明2016年有关"降低制度性交易成本"政策主要服务于政务领域。2017年,政务领域和市场监管、经济体制改革领域的政策占据"降低制度性交易成本"政策的60%以上。2018年,市场监管和国有资产监管领域的政策占到"降低制度性交易成本"政策的53%以上。2019年,有关"降低制度性交易成本"政策仍主要集中于市场监管和安全生产监管领域,说明近两年来,国民经济和市场监管领域是"降低制度性交易成本"政策的重要落脚点。

2.政策内容分类

从图5-1、图5-2可知,"降低制度性交易成本"多出现于综合服务、市场监管、安全生产监管、国民经济管理和国有资产监管类政策文件中,与营商环境、"放管服"改革问题关联度高。深化"放管服"改革的目的是降低企业制度性交易成本,为企业减负，创设有利的营商条件，助推企业向利好趋势发展，而"增值税改革""减税降费""创业创新"又可归入营商环境政策中，由此可见，深化"放管服"改革、优化营商环境是"降低制度性交易成本"的核心要义。另外值得注意的是，随着互联网技术的发展，"互联网＋政务服务"备受推崇，频繁出现在中央级政策文件中，"互联网＋政务服务"的"一站式"服务无疑降低了企业的办事成本。

（1）深化"放管服"改革，优化营商环境

2016 年 3 月底，经李克强总理签批，国务院转批国家发展改革委《关于2016 年深化经济体制改革重点工作的意见》①。该文件第一部分"总体要求"指出，应"更加突出供给侧结构性改革。围绕提高供给体系质量和效率深化改革，使市场在资源配置中起决定性作用和更好发挥政府作用，矫正要素配置扭曲，降低制度性交易成本，激发企业家精神，提高全要素生产率，实现由低水平供需平衡向高水平供需平衡的跃升。更加突出问题导向和目标导向。针对突出问题、抓住关键点，围绕当前经济下行压力大、结构性矛盾凸显、风险隐患增多等突出困难和问题加大改革力度，促进去产能、去库存、去杠杆、降成本、补短板，使改革更加精准对接发展所需、基层所盼、民心所向"。

根据国务院就深入简化、汇总投资项目上报程序的工作安排，2016 年 5 月19 日，国家发展改革委提出了《清理规范投资项目报建审批事项实施方案》②，其中分成清理规范的范畴与准则、清理规范的条款与工作规定 3 个方面，且提供了"投资项目报建审批事项清理规范意见汇总表"。不再开展有关的职业资格证制度与确认项目，是减少制度性交易开支、协助供给侧结构性改革的核心方法。2016 年 5 月 23 日，国务院批准国家发展改革委印发《2016 年推进简政放权放管结合优化服务改革工作要点》③，从"怎样放""怎样管""怎样服"三个总方向，提出了降低制度性交易成本的具体措施。在"怎样放"方面，应当持续强化行政确认制改革、持续促进投资审核改革、积极推行职业资格改革、

---

① 关于 2016 年深化经济体制改革重点工作的意见［S/OL］. http://www.gov.cn/xinwen/2016–03/31/content_5060105.htm.

② 清理规范投资项目报建审批事项实施方案［S/OL］. http://www.gov.cn/zhengce/content/2016–05/26/content_5077076.htm.

③ 2016 年推进简政放权放管结合优化服务改革工作要点［S/OL］. http://www.gov.cn/zhengce/content/2016–05/24/content_5076241.htm.

认真促进商事体系改革、主动实施收费清理改革与监管、增加各大院校的自主权、用政务公开促进简政放权的落实。在"怎样管"方面，应当落实公平监督、促进整体监管、探究严谨监管、协助所有的市场主体达成平等竞争。在"怎样服"方面，重点是提升创业创新效率、公共服务率、政务服务率，积极促进形成更有魅力的全球化、法治化与更为便捷的营商环境。2016 年 6 月 13 日，《国务院关于取消一批职业资格许可和认定事项的决定》[①]列出了国务院拟取消的职业资格证与认定事项（累计有 47 种）。这次不予以批准的职业资格证与认定事项中，技术类的职业资格有 9 种，包括准入类 8 种，水平评估类 1 种，与招标、物业管理等各个专业密切相关；技术人员的职业资格有 38 项，都是水平评估类的，与林业、道路运输、卷烟等行业有关。上述文件清晰地指出，取消一些不重要的职业资格证与认定事项，旨在更好地减少制度性交易费用、促进供给侧结构性改革，也是为本科学历以下的学生解决就业问题和去产能中的职工转岗奠定基础。

2016 年 8 月 22 日，国务院印发了《降低实体经济企业成本工作方案》[②]，指出应尤其注意减少制度性交易费用，进一步实施"放管服"改革，提升政府的集体服务水准，重点是就现阶段企业的制度性交易成本"虚降实高"、仅凭一个部门的力量无法高效减少而制定的各种举措，以此解决企业成本较高的问题。同年 12 月 7 日，国务院发布了《关于建立统一的绿色产品标准、认证、标识体系的意见》[③]。在建设生态产品发展环境领域，该意见提出"加强市场诚信和行业自律机制建设，各职能部门协同加强事中事后监管，营造公平竞争的市场环境，进一步降低制度性交易成本，切实减轻绿色产品生产企业负担"。

2017 年 2 月 6 日，国务院发布《"十三五"促进就业规划》，其中给出了"十三五"阶段协助就业的指导理念、主要准则、核心目标、重要工作与确保方案，对全国协助就业工作的开展予以系统安排。该规划强调"加快形成有利于劳动者参与创业的政策环境。深化行政审批制度改革、收费管理制度改革、

---

① 国务院关于取消一批职业资格许可和认定事项的决定［S/OL］. http://www.gov.cn/zhengce/content/2016-12/08/content_5144980.htm.

② 降低实体经济企业成本工作方案［S/OL］. http://www.gov.cn/zhengce/content/2016-08/22/content_5101282.htm.

③ 关于建立统一的绿色产品标准、认证、标识体系的意见［S/OL］. http://www.gov.cn/zhengce/content/2016-12/07/content_5144554.htm.

商事制度改革，创新监管方式，优化政府服务，降低市场准入门槛和制度性交易成本，破除制约劳动者创业的体制机制障碍。"2017年3月16日，国务院办公厅下发《关于进一步激发社会领域投资活力的意见》，指出"要坚持稳中求进工作总基调，以供给侧结构性改革为主线，突出问题导向，着眼于降低制度性交易成本、扩大有效供给、满足多层次多样化需求。要坚持社会效益和经济效益相统一，坚持营利和非营利分类管理，坚持'放管服'改革方向等原则。"2017年4月18日，国家发展改革委发布《关于2017年深化经济体制改革重点工作的意见》，指出"多措并举降成本。通过减轻企业税费负担、继续适当降低'五险一金'有关缴费比例、降低制度性交易成本、降低用能和物流成本等措施，持续综合施策降低实体经济企业成本。精准加力补短板"。2017年9月28日，国务院提出了《关于在更大范围推进"证照分离"改革试点工作的意见》，该文件提及，实施"证照分离"改革试点，是执行我党的重大规划安排，展现企业创新创业的新动力，促进营商环境法治化、全球化与便捷化的主要方法。"证照分离"试点在上海市执行后，利用各种改革举措，高效减少了企业制度性交易费用，取得了较大的效果。

2018年2月11日，《国务院关于上海市进一步推进"证照分离"改革试点工作方案的批复》[①]，允许在上海市浦东新区深入开展"证照分离"改革试点项目，试点阶段是从批复当天开始到当年的最后一天。同年5月17日，国务院办公厅下发《关于进一步压缩企业开办时间的意见》[②]，该文件提出，要按照2018年《政府工作报告》[③]部署，深化"放管服"改革，将各个单位与百姓迫切希望处理的、需要花费较多时间、步骤多的问题作为核心事务进行处理，将工作规范与要求加以统一，依法推进压缩企业开办时间工作，强化责任落实，提高服务效能，增加透明度和可预期性，提升办理企业开办事项的实际体验，进一步降低制度性交易成本、激发大众创业万众创新活力。该意见还指出，需深入简化企业从建立至拥有普通运营条件所应办理的步骤，减少办理时间，清晰地界定了核心工作与相关举措，并将重点置于责任执行与统一推进事项上。2018 年 8 月 3 日，《国务院办公厅关于部分地方优化营商环境典型做法的通报》①，公布了部分地方优化营商环境的典型做法，主要有 8 项投资审批等制度改革，3 项便利企业开办和经营制度改革，3 项提高贸易便利化水平制度改革，4 项更新监管思想与形式改革，4 项提供一流公共服务改革，6 项促进政务服务"一网、一门、一次"改革。2018 年 10 月 10 日，国务院印发《关于在全国推开"证照分离"改革的通知》②，明确了改革的重点内容：一是明确改革方式；二是统筹推进"证照分离"和"多证合一"改革；三是加强事中事后监管。2018 年 11 月 8 日，国务院办公厅下发《关于聚焦企业关切进一步推动优化营商环境政策落实的通知》③，提出"应积极对标先进，相互学习参考，深入开展'放管服'改革，摸索出更多真正有效的改革方案，减少制度性交易成本，持续完善营商环境"。2018 年 12 月 10 日，国务院办公厅下发《关于对真抓实干成效明显地方加大激励支持力度的通知》④，提出"对推动工商注册制度便利化工作及时到位、落实事中事后监管等相关政策措施社会反映好的市（州）、县（市、区），优先纳入深化商事制度改革、加强事中事后监管相关试点，推动降低企业制度性交易成本"。

2019 年 10 月 23 日，李克强总理发布国务院令，公布《优化营商环境条例》⑤，此文件的第一章第三条指出，国家不断加强简政放权、放管结合、改善服务改革，尽可能地削弱政府对市场的直接影响，尽可能地减少政府对市场交易等的直接影响，强化与规范事中事后监督，积极提高政务服务水准，进一步减少制度性交易费用，进而更好地展现市场自己的优势与生命力，并促进其更快更好地发展⑥。2019 年 11 月 15 日，国务院发出《关于在自由贸易试验区开展"证照分离"

---

①　国务院办公厅关于部分地方优化营商环境典型做法的通报［S/OL］. http://www.gov.cn/zhengce/content/2018–08/03/content_5311523.htm.

②　关于在全国推开"证照分离"改革的通知［S/OL］. http://www.gov.cn/xinwen/2018–10/10/content_5329239.htm.

③　关于聚焦企业关切进一步推动优化营商环境政策落实的通知［S/OL］. http://www.gov.cn/zhengce/content/2018–11/08/content_5338451.htm.

④　关于对真抓实干成效明显地方加大激励支持力度的通知［S/OL］. http://www.gov.cn/zhengce/content/2018–12/10/content_5347465.htm.

⑤　优化营商环境条例［S/OL］. http://www.gov.cn/zhengce/content/2019–10/23/content_5443963.htm?tdsourcetag=s_pctim_aiomsg.

⑥　优化营商环境条例［S/OL］. http://www.gov.cn/zhengce/content/2019–10/23/content_5443963.htm?tdsourcetag=s_pctim_aiomsg.

改革全覆盖试点的通知》①，该通知指出，近年来，国务院决定对部分涉企经营许可事项在上海等地试点开展"证照分离"改革并逐步复制推广，有效降低了企业制度性交易成本，优化了营商环境，激发了市场活力和社会创造力。为进一步克服"准入不准营"现象，使企业更便捷地拿到营业执照并尽快正常运营，国务院决定，在全国各自由贸易试验区对所有涉企经营许可事项实行清单管理，率先开展"证照分离"改革全覆盖试点②。2019 年 12 月 1 日，中共中央、国务院印发《长江三角洲区域一体化发展规划纲要》③，该纲要指出，制度性交易成本明显降低，营商环境显著改善是发展目标。

在国务院的大力倡导下，2016 年起降低我国各大企业的开支工作取得了阶段性的成果。从图 5-3 可知，2016—2018 年，中央层面相继发布了 30 件、28 件和 41 件降成本政策，为全国"降成本"工作提供了全面指导④。48 号文规定，几年间需深入改进方针，强化改革，降低制度性交易成本，减少物流、能耗等方面的开支，尽可能地降低行政部门对中小企业等市场主体的不合理干预，减少不必要的开支，积极削减"无效率"的制度性交易成本存量，通过多部门协同合作，组织实施公平竞争审查，完善市场竞争规则，加强竞争政策执法，把打破行业垄断工作落到实处。《全球营商环境报告 2020》⑤指出，2019 年我国营商环境的综合评估在 190 个经济体中居于第 31 位，与 2018 年相比上升了15 位，与 2016 年的排名第 84 位相比上升了 53 位。这意味着 2016—2019 年我国的营商环境已获得了较好的改进，但从长远来看，还需持续加强"放管服"改革，改进权力清单与责任清单，进一步减少制度性交易费用⑥。

---

① 关于在自由贸易试验区开展"证照分离"改革全覆盖试点的通知［S/OL］. http://www.gov.cn/xinwen/2019-11/15/content_5452472.htm.
② 国务院关于在自由贸易试验区开展"证照分离"改革全覆盖试点的通知［S/OL］. http://www.gov.cn/zhengce/content/2019-11/15/content_5451900.htm.
③ 长江三角洲区域一体化发展规划纲要［S/OL］. http://www.gov.cn/home/2019-12/01/content_5459043.htm.
④ 刘尚希，王志刚，程瑜，韩晓明，施文泼. 降成本：2019 年的调查与分析［J］. 财政研究，2019（11）：3-16.
⑤ 世界银行. 全球营商环境报告 2020［EB/OL］. https://www.worldbank.org/.
⑥ 世界银行. 全球营商环境报告 2020［EB/OL］. https://www.worldbank.org/.

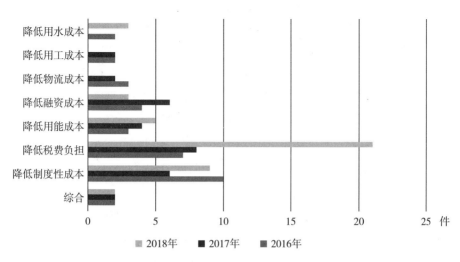

图 5-3　2016—2018 年中央各类降成本政策文件发文数量

（2）"互联网＋政务服务"，促进行政效率提升

近年来，部分地区与单位设立了互联网政务服务系统，主动实施线上办事，获得了一定的成绩，但是也存在网上服务事项较少、数据共享水平低、可处理率低、企业与百姓办事始终需要经过各种繁杂的手续等问题，另外，还有许多地区与单位还没有实施此项工作。为积极推进"互联网＋政务服务"工作的落实，彻底提升政务服务质量和效果，2016 年 9 月底，国务院发出《关于加快推进"互联网＋政务服务"工作的指导意见》[①]，从完善再造政务服务、结合升级系统方式、稳定支持条件、强化组织保证等领域为"互联网＋政务服务"工作提供了一定的引导，逐步形成了全面深化"互联网＋政务服务"改革与发展的政策布局，对提高政府服务效率和透明度、进一步降低企业制度性交易成本、激发市场活力和社会创造力具有重要意义。2016 年 12 月 27 日，国务院发布《"十三五"国家信息化规划》[②]，提出"加快构建适应信息时代跨界创新、融合创新和迭代创新的体制机制，打破部门和行业信息壁垒，推进简政放权、放管结合、优化服务改革，降低制度性交易成本，优化营商环境，夯实企业创新主体、研发主体地位"。

2017 年 1 月 12 日，国务院办公厅发布《"互联网＋政务服务"技术体系建

① 关于加快推进"互联网＋政务服务"工作的指导意见［S/OL］. http://www.gov.cn/zhengce/content/2016-09/29/content_5113369.htm.

② "十三五"国家信息化规划［S/OL］. http://www.gov.cn/zhengce/content/2016-12/27/content_5153411.htm.

设指南》①，关于企业联合审批问题，该指南指出"各地结合实际，根据国务院相关文件要求，逐步推动企业设立登记多证合一，并同步调整网上政务服务平台相关功能和流程。针对与企业经营相关联的许可事项，按行业类别实行联审联办。需现场勘察的，探索'联合踏勘'，降低企业制度性交易成本"。2017年5月12日，国务院办公厅提出了《关于加快推进"多证合一"改革的指导意见》②，该文件提及："五证合一""两证整合"登记制度改革的相继实施有效提升了政府行政服务效率，降低了市场主体创设的制度性交易成本，激发了市场活力和社会创新力，但目前仍然存在各类证照数量过多、"准入不准营"、简政放权措施协同配套不够等问题。2017年8月17日，国务院办公厅发出《关于进一步推进物流降本增效促进实体经济发展的意见》③，该文件提及，物流业与我国的三大产业均有着密切的关系，在生产和消费间发挥着沟通的作用。促进物流成本的减少与效益的提升对协助产业结构的升级以及地区协调发展、培养经济发展新动力、提高我国经济的综合运行效率拥有巨大价值。上述文件从7个领域给出了27项详细方案来减少物流开支。

2019年5月19日，国务院办公厅转发国家发展改革委《关于深化公共资源交易平台整合共享指导意见》④，该文件提及：深化"放管服"改革，展现公共资源交易系统的各种职责，深入精简办事程序，实施在线办理，减少制度性交易费用，推动公共资源交易从依托有形场所向以电子化平台为主转变⑤。

（3）推行综合政务，降低政策实施成本

2017年3月28日，国务院印发《关于落实政府工作报告重点工作部门分工的意见》⑥，该意见指出，要大幅降低非税负担，通过深化改革、完善政策，降

---

① "互联网＋政务服务"技术体系建设指南［S/OL］. http://www.gov.cn/zhengce/content/2017–01/12/content_5159174.htm.

② 关于加快推进"多证合一"改革的指导意见［S/OL］. http://www.gov.cn/zhengce/content/2017–05/12/content_5193122.htm.

③ 关于进一步推进物流降本增效促进实体经济发展的意见［S/OL］. http://www.gov.cn/zhengce/content/2017–08/17/content_5218207.htm.

④ 关于深化公共资源交易平台整合共享指导意见［S/OL］. http://www.gov.cn/zhengce/content/2019–05/29/content_5395735.htm.

⑤ 关于深化公共资源交易平台整合共享的指导意见［S/OL］. http://www.gov.cn/zhengce/content/ 2019–05/29/content_5395735.htm.

⑥ 关于落实政府工作报告重点工作部门分工的意见［S/OL］. http://www.gov.cn/zhengce/content/ 2018–04/12/content_5281920.htm.

低企业制度性交易成本，降低用能、物流等成本。2018 年 2 月底，中国共产党第十九届中央委员会第三次全体会议批准了《中共中央关于深化党和国家机构改革的决定》①，进一步促进简政放权的开展，梳理与规范行政审核、资质认证等事项，进一步落实要素价格的市场改革，使服务业准入条件变得更为宽松，完善政务服务，改进办事程序，使行政裁量权变得更为规范，积极减少制度性交易成本，激励更多的社会主体参与到创新创业活动中。2018 年 5 月 23 日，中共中央、国务院提出了《关于深入推进审批服务便民化的指导意见》②，该文件指出，自党的十八大召开起，各地方党委与政府积极落实党中央的决策安排，认真执行以百姓为核心的发展理念，集中企业与百姓反映较多的难处理、处理慢、手续多等问题，彻底促进简政放权、放管融合、完善服务改革，发现了各种高效的对策，在便于企业与百姓办事创业、高效降低制度性交易成本、在短时间内改变政府职能与工作作风、提高政府治理水平等领域获得了较大的效果。2019 年 4 月 9 日，国务院印发《关于落实〈政府工作报告〉重点工作部门分工的意见》③，其中第二十条指出：深化"放管服"改革，降低制度性交易成本。政府要坚决把不该管的事项交给市场，最大限度减少对资源的直接配置，审批事项应减尽减，确需审批的要简化流程和环节。

（4）在商贸、旅游和对外经贸合作方面，拓展营商范围和渠道

2017 年 1 月中旬，国务院发出了《关于扩大对外开放积极利用外资若干措施的通知》④，该文件提及，运用外资是我国对外开放政策与开放式经济制度的主要构成要素，在经济进步与强化改革进度中展现出了其重要意义。现阶段，世界跨国投资与产业转移开始有了新形势，我国经济开始全面与全球经济接轨，经济发展上升至新常态，运用外资应对新形势与新工作。应认真执行《中共中

---

① 中共中央关于深化党和国家机构改革的决定［S/OL］. http://www.gov.cn/zhengce/2018-03/04/content_ 5270704.htm.

② 关于深入推进审批服务便民化的指导意见［S/OL］. http://www.gov.cn/zhengce/2018-05/23/content_ 5293101.htm.

③ 关于落实《政府工作报告》重点工作部门分工的意见［S/OL］. http://www.gov.cn/zhengce/content/ 2019-04/09/content_5380762.htm.

④ 关于扩大对外开放积极利用外资若干措施的通知［S/OL］. http://www.gov.cn/zhengce/content/ 2017- 01/17/content_5160624.htm.

央 国务院关于构建开放型经济新体制的若干意见》①，以开放发展思想为指导，深入运用外资，建设优质的营商环境，不断强化简政放权、放管融合，进一步开展服务改革，降低制度性交易成本，达成互利共赢。

（5）在市场监管和安全质量监督方面，保障经济发展质量

2018年1月底，国务院颁布了《关于加强质量认证体系建设促进全面质量管理的意见》②，其中指出需积极开展质量认证建设，加强系统质量管理，促进我国经济高品质发展。该意见提及：应激励认证部门为其各个客户供应检验认证一站式处理对策与一条龙式的优质服务，减少企业制度性交易费用。同年9月11日，中共中央、国务院发布《国家粮食和物资储备局职能配置、内设机构和人员编制规定》③，该文件提及：积极展现市场在资源安排中的重要地位，深入精简行政批准，减少步骤、简化流程、提升效率，积极减少制度性交易成本。

（6）在国土资源、能源和土地方面，强化市场机制、统筹要素配置

2019年7月19日，国务院办公厅提出了《关于完善建设用地使用权转让、出租、抵押二级市场的指导意见》④，该文件提及，要以习近平新时代中国特色社会主义思想为指导，认真落实党中央、国务院决策部署，充分发挥市场在资源配置中的决定性作用，更好发挥政府作用，坚持问题导向，积极设立产权明晰、市场定价、信息集聚、交易安全、监管有效的土地二级市场，使市场规则健全完善，交易平台全面形成，服务和监管落实到位，市场秩序更加规范，制度性交易成本明显降低，土地资源配置效率显著提高，形成一、二级市场协调发展、规范有序、资源利用集约高效的现代土地市场体系，为加快推动经济高质量发展提供用地保障。

3. 国务院部门颁布的相关政策情况

经统计，农业农村部、市场监管总局、民航局、审计署、海关总署、国家

---

① 中共中央国务院关于构建开放型经济新体制的若干意见［S/OL］. http://www.gov.cn/xinwen/2015-09/17/content_2934172.htm.

② 关于加强质量认证体系建设促进全面质量管理的意见［S/OL］. http://www.gov.cn/zhengce/content/2018-01/26/content_5260858.htm.

③ 国家粮食和物资储备局职能配置、内设机构和人员编制规定［S/OL］. http://www.gov.cn/zhengce/content/2018-09/11/content_5320985.htm.

④ 关于完善建设用地使用权转让、出租、抵押二级市场的指导意见［S/OL］. http://www.gov.cn/zhengce/content/2019-07/19/content_5411898.htm.

邮政局、国家林业和草原局、国家发展改革委等部门都发布了有关"降低制度性交易成本"的政策。其中，市场监管总局发布数量最多，国家发展改革委、海关总署、审计署等部门次之。

（1）市场监管总局

2018年11月30日，市场监管总局发布《关于进一步优化超大型起重机械型式试验工作的意见》①，对超大规模的起重机械类试验事务进行了完善，给制造企业带来了方便。

为进一步执行《中共中央　国务院关于推进安全生产领域改革发展的意见》②与国务院在我国开展"证照分离"的相关内容，推进《特种设备安全监管改革顶层设计方案》③实施，有效降低企业制度性交易成本，强化特种设备的监督，2019年1月中旬，市场监管总局发布《关于特种设备行政许可有关事项的公告》④，对当前的特种设备生产审核项目、操作人员与检验人员的资质确认项目给予了精简整理，且提供了公示。为深入规范电梯安置、改进、修理等做法，减少企业在施工中需付出的制度性交易成本，市场监管总局对《电梯施工类别划分表》⑤给予了一定的修正。2019年1月28日，市场监管总局推出了《电梯施工类别划分表》的修正文件，之前的《电梯施工类别划分表（修订版）》（国质检特〔2014〕260号）也因此作废。2019年2月18日，市场监管总局推出了《关于特种设备行政许可优化准入服务和加强事中事后监管措施的公告》。2019年6月28日，市场监管总局发布《关于撤销冒用他人身份信息取得公司登记的指导意见》⑥，对做好撤销冒名登记工作提出八项具体指导意见。2019年7月9日，

---

① 关于进一步优化超大型起重机械型式试验工作的意见［S/OL］. http://www.gov.cn/xinwen/2018-12/06/content_5346211.htm.

② 中共中央国务院关于推进安全生产领域改革发展的意见［S/OL］. http://www.gov.cn/xinwen/2018-12/06/content_5346211.htm.

③ 特种设备安全监管改革顶层设计方案［S/OL］. http://www.samr.gov.cn/tzsbj/tzgg/zjwh/201603/t20160301_283552.html.

④ 关于特种设备行政许可有关事项的公告［S/OL］. http://www.samr.gov.cn/samrgkml/nsjg/bgt/201902/t20190216_288677.html.

⑤ 市场监管总局关于调整《电梯施工类别划分表》的通知［S/OL］. http://www.samr.gov.cn/samrgkml/nsjg/bgt/201902/t20190217_289805.html.

⑥ 关于撤销冒用他人身份信息取得公司登记的指导意见［S/OL］. http://gkml.samr.gov.cn/nsjg/xyjgs/201906/t20190628_302992.html.

市场监管总局印发《关于进一步优化国家企业信用信息公示系统的通知》[①]，从优化公示系统内容、强化应用支撑、畅通诉求渠道、提高数据质量、做好组织实施五个方面提出了具体的优化国家企业信用信息公示系统的措施。

（2）国家发展改革委等部门

2018年4月底，国家发展改革委等单位发出了《关于做好2018年降成本重点工作的通知》[②]，该文件提出，应将重点置于降低制度性交易成本，需建设平等竞争的市场环境，在我国范围内实施"证照分离"改革，全方位地规范"多证合一"改革，深化减少企业建立时间，不断完善营商环境，促进"互联网＋政务服务"的落实，简化企业投资项目审批流程，深化减少工业产品的生产认证。2018年7月10日，国家发展改革委等部门发布《关于大力发展实体经济积极稳定和促进就业的指导意见》[③]，该意见指出，要全面落实创新创业扶持政策，加快推进网上审批，深化商事制度改革，进一步降低市场准入门槛和制度性交易成本，不断激发市场活力，催生更多吸纳就业新市场主体。2019年5月初，国家发展改革委、工业和信息化部等部门发出了《关于做好2019年降成本重点工作的通知》[④]，安排执行8个领域的27项工作。在降低企业制度性交易成本方面，该通知指出，要推进市场准入负面清单制度全面实施，进一步深化简政放权，进一步强化事中事后监管，持续优化政府服务。

（3）海关总署

根据国务院进一步深化"放管服"改革的决策部署，为进一步简化海关手续，减轻企业负担，降低制度性交易成本，2018年5月29日，海关总署公布了《海关总署关于修改部分规章的决定》[⑤]，对海关进出口相关制度作出了具体修改，优化了海关进出口工作流程。为贯彻落实党中央、国务院关于优化口岸营商环

① 关于进一步优化国家企业信用信息公示系统的通知［S/OL］. http://gkml.samr.gov.cn/nsjg/xyjgs/201907/t20190719_305040.html.

② 关于做好2018年降成本重点工作的通知［S/OL］. https://www.ndrc.gov.cn/xwdt/ztzl/jdstjjqycb/zccs/201805/t20180509_1028606.html.

③ 关于大力发展实体经济积极稳定和促进就业的指导意见［S/OL］. http://www.gov.cn/xinwen/2018-07/17/content_5306934.htm.

④ 关于做好2019年降成本重点工作的通知［S/OL］. http://www.gov.cn/xinwen/2019-05/17/content_5392450.htm.

⑤ 海关总署关于修改部分规章的决定［S/OL］. https://www.tid.gov.hk/english/aboutus/tradecircular/cic/asia/2018/files/ci2018783a.pdf.

境的决策部署，进一步降低制度性交易成本，压缩通关时间，巩固和提升精简进出口环节监管证件改革成效，2018 年 11 月 23 日，海关总署发布《海关总署关于修改部分规章的决定》[1]，对我国《海关关于超期未报关进口货物、误卸或者溢卸的进境货物和放弃进口货物的处理办法》[2] 等 45 项内容进行了完善。2018年 12 月 7 日，海关总署发布《关于进一步优化报关单位登记管理有关事项的公告》[3]，进一步优化了报关单位登记管理，简化了相关登记手续，降低企业制度性交易成本。

（4）审计署

2019 年 4 月 2 日，审计署推出了《2018 年第四季度国家重大政策措施落实情况跟踪审计结果》[4]，这是审计署 2019 年第 1 号公告，该公告在肯定有关部门减轻企业负担、扶持企业的同时也指出，一些地区和部门在落实减税降费政策措施，贯彻稳就业、稳金融、稳外贸、稳外资、稳投资、稳预期要求，深化"放管服"改革，推进三大攻坚战等方面还存在一些突出问题。2019 年 4 月 29 日，审计署办公厅发出了《关于印发 2019 年度内部审计工作指导意见的通知》[5]，公布了《2019 年度内部审计工作指导意见》[6]，指出促进提升管理经营绩效、实现经济高质量发展必须推动深化"放管服"改革，降低制度性交易成本，促进优化营商环境。

（5）国家林业和草原局

2018 年 5 月 8 日，国家林业和草原局发布《关于进一步放活集体林经营权的意见》[7]，在提升管理服务水平方面，该意见指出，要加快推进"互联网＋政

---

① 海关总署关于修改部分规章的决定 [S/OL]. http://www.gov.cn/gongbao/content/2018/content_5274468. htm.

② 海关关于超期未报关进口货物、误卸或者溢卸的进境货物和放弃进口货物的处理办法 [S/OL]. http://www.gov.cn/gongbao/content/2002/content_61708.htm.

③ 关于进一步优化报关单位登记管理有关事项的公告 [S/OL]. http://www.ganzhou.gov.cn/zfxxgk/c100441gbr/2018−12/14/content_9db1a87ac3a746909034d892f0f0f6a8.shtml.

④ 2018 年第四季度国家重大政策措施落实情况跟踪审计结果 [S/OL]. http://www.audit.gov.cn/n5/n25/c130878/content.html.

⑤ 关于印发 2019 年度内部审计工作指导意见的通知 [S/OL]. http://www.audit.gov.cn/n8/n28/c131460/content.html.

⑥ 2019 年度内部审计工作指导意见 [S/OL]. http://www.audit.gov.cn/n8/n28/c131460/content.html.

⑦ 关于进一步放活集体林经营权的意见 [S/OL]. http://www.forestry.gov.cn/main/4818/content−1099813. html.

务服务"，推行网上办理，进一步降低制度性交易成本，优化营商环境。应充分结合林权管理服务组织，提升林权管理服务的精准性，积极建立高效互动的林权流转市场监管服务系统，提升林权管理服务的效率[①]。

（6）农业农村部

2020年4月13日，农业农村部发布《社会资本投资农业农村指引》[②]，指出要遵循市场原则，坚持"放管服"改革方向，建立健全监管和风险防范机制，营造公平竞争的市场环境、政策环境、法治环境，降低制度性交易成本，创造良好稳定的市场预期，吸引社会资本进入农业农村重点领域[③]。

（7）民航局

2019年5月8日，民航局发布《关于统筹推进民航降成本工作的实施意见》[④]，明确了坚持统筹推进和重点突破相结合的基本原则，坚持综合施策，统筹解决产业链各环节降成本的关键问题。同时，坚持问题导向，重点围绕减税降费、降低制度性交易成本等关键方面，研究出台可操作、可落地、可监督的政策措施。

（8）国家邮政局

2019年，国家邮政局发布《关于支持民营快递企业发展的指导意见》[⑤]，在降低制度性交易成本方面，指出应聚焦制约快递业发展的体制机制障碍，坚持公平、开放、透明的市场规则，逐步完善适应快递业新业态、新经济发展的政策措施，促进公平竞争。积极强化快递行业的"放管服"改革，深入完善审批服务程序，将快递业务经营许可确认时间减少到法定时间的50%以内。

总之，中央级有关"降低制度性交易成本"的政策分别出现在中央工作会议上、国务院文件和国务院部门文件中，其中，国务院文件数量最多，侧重于宏观调控，而国务院部门的文件针对性强，侧重于微观调控，聚焦某一领域降低制度性交易成本的具体举措。从文件数量和发布频次来看，降低制度性交易

① 关于进一步放活集体林经营权的意见［S/OL］. http://www.gov.cn/gongbao/content/2018/content_5326384.htm.

② 社会资本投资农业农村指引［S/OL］. http://www.moa.gov.cn/xw/zwdt/202004/t20200416_6341772.htm.

③ 社会资本投资农业农村指引［S/OL］. http://www.moa.gov.cn/xw/zwdt/202004/t20200416_6341772.htm.

④ 关于统筹推进民航降成本工作的实施意见［S/OL］. http://www.gov.cn/xinwen/2019-05/17/content_5392485.htm.

⑤ 关于支持民营快递企业发展的指导意见［S/OL］. http://www.acfic.org.cn/ddgh/bwzc/201907/t20190710_133441.html.

成本政策在市场监管、国民经济领域较为活跃，且有进一步深化细化的趋势。

第二节　各地区降低制度性交易成本的政策实践

各地方政府在党的十八大之后，纷纷根据地区企业的具体情况，对党中央以及国务院的号召进行了积极主动的响应，通过简政放权、深化改革等措施进一步推动实体经济企业成本有效降低，同时制定了更加具体详细的政策方针，有效地推动了经济企业政策环节的优化，使实体经济企业能够克服其面临的难题，实现长期持续发展目标。本节在将各地划分为四个地区（东部地区、中部地区、西部地区以及东北地区）的基础上，进行了不同地区关于降低制度性交易成本政策实践活动的系统性整理与分析。东部地区主要涉及的省份有山东、江苏、浙江；中部地区涉及的省份有江西、湖南等；东北地区包括辽宁、黑龙江等省份；西部地区则主要包括内蒙古、重庆（本部分不讨论我国香港、澳门以及台湾地区）。

1. 东部地区概况

东部地区作为我国区域经济高速发展的代表区域，汇聚了京津冀、长三角、珠三角这三大城市群，是我国经济新时期高质量发展的重要动力源，在推进构建双循环新格局、培育产业竞争新优势、探索制度创新经验等方面发挥着引领带动作用。新时期，面对百年未有之大变局，东部地区需要坚持新发展理念，通过系统性、集成化改革，持续降低制度性交易成本，加快推进产业结构优化升级，助力实体经济强韧、稳健、高质量发展。

根据中央部署的具体要求，近年来，东部地区制定并实施了一系列降低企业成本负担的政策措施。这些措施不仅考虑了目前的情况，同时也分析了未来的发展趋势，旨在确保国家财税优惠政策能够得到较好的落实，进一步增强政策的激励导向，从企业最为关注的问题出发，通过采取精准有效的政策措施，有效降低企业的成本，优化产业结构，推动实体经济迅速发展。

（1）山东省：推进流程再造，优化营商环境

山东省政府于 2016 年 4 月 15 日制定实施了《关于减轻企业税费负担降低

财务支出成本的意见》（鲁政发〔2016〕10号），该文件在促进企业制度性成本降低中发挥着十分重要的作用[1]。该意见旨在进一步改善企业发展环境，有效降低成本负担，提高市场竞争力和山东省企业的实力；同时优化营商环境，建立起山东省的投资创业平台，实现山东省经济结构的有效调整与完善。

以山东济南高新区行政改革为例，2016年该地区主要通过横向归并整合、纵向衔接归口以及梯次分步推进等方式实现了大部制改革以及行业管理体制的发展，重点进行了政策职能配置体系的构建。济南市政府在2016年向高新区的管委会进行了10类实证行政权力事项的发放与落实，共涉及47个部门，包括民政局、卫计委、教育局等，涉及的事项总数达到了3250项。另外，这一地区通过构建全员KPI考核的人力资源管理制度，为产业发展以及招商提供了有力的支撑。2016年，济南高新区新增加的纳税企业超过了6500家，为财政收入的提高提供了保证[2]。

山东省人民政府办公厅于2018年制定实施了《关于进一步推进物流降本增效促进实体经济发展的通知》（鲁政办发〔2018〕22号）[3]，指出需要从以下六个方面进行物流供给侧结构性改革，有效提高物流发展动能：（1）进一步增强物流"放管服"改革力度；（2）减小物流税费；（3）推动物流环节的建设发展；（4）促进智慧物流的完善与发展；（5）进一步推动产业的融合发展；（6）提高部门的协调性与联动性。2018年12月7日，山东省人民政府办公厅制定通过了《关于印发贯彻落实国务院深化放管服改革要求进一步优化营商环境重点任务分工方案的通知》（鲁政办发〔2018〕32号）[4]，指出需要推动简政放权的落实，建立起完善的政府责任监督制度，其中，简政放权的政策共有38条。山东省人民政府办公厅于2020年5月1日通过实施了《关于持续深入优化营商环境的实施意见》（鲁政办发〔2020〕67号）[5]，指出需要从以下四个方面推动营

---

① 关于减轻企业税费负担降低财务支出成本的意见［S/OL］. https://www.shui5.cn/article/bf/87608.html.

② 王朝才，马洪范，封北麟，梁季，陈龙，赵治纲. 山东、福建两省降低制度性交易成本的调研分析［J］. 财政科学，2017（8）:32–40.

③ 关于进一步推进物流降本增效促进实体经济发展的通知［S/OL］. http://gxt.shandong.gov.cn/art/2018/8/22/art_15178_1054984.html.

④ 关于印发贯彻落实国务院深化放管服改革要求进一步优化营商环境重点任务分工方案的通知［S/OL］. http://www.shandong.gov.cn/art/2018/12/8/art_2267_29150.html.

⑤ 关于持续深入优化营商环境的实施意见［S/OL］. http://credit.shandong.gov.cn/273/101208.html.

商环境的有效优化与发展：（1）进一步提高企业便利化水平；（2）重点解决企业的难点堵点痛点；（3）提供准确有效的政府服务；（4）营造良性透明的政策环境。另外，山东省地方政府采取了有效措施推动政府职能转变，组建"放管服"协调小组，成立了相应的领导小组，推动营商环境进一步优化。领导小组办公室设在省政府办公厅，人员从有关部门抽调。

在具体实践方面，山东省各地近年来积极推进流程再造，务实推进营商环境优化建设。

以潍坊市为例，潍坊市财政局通过构建新的政府采购流程，实现了服务的优质化、流程的简单化以及交易的公平化，极大地改善了营商环境，主要内容有：（1）进一步减少供应商通过政府采购途径进行交易所需要的成本；（2）采取有效措施为供应商精准提供公平的环境；（3）建立起高效的供应商救济保障渠道；（4）在疫情防控的前提下推动营商环境的改善。

（2）浙江省：重视科技赋能，培育隐形冠军

浙江省人民政府办公厅制定了《关于进一步降低企业成本优化发展环境的若干意见》（浙政办发〔2016〕39号）[①]。该文件主要包括下列八个方面的内容：（1）推动企业税费的有效降低；（2）进一步减小企业用工成本；（3）进一步减小企业的用能成本；（4）进一步减小企业的融资成本；（5）进一步减小企业的用地成本；（6）进一步减小企业的物流成本；（7）进一步减小企业的外贸成本；（8）进一步减小企业的制度性交易成本。《浙江省供给侧结构性改革降成本行动方案》（浙政办发〔2016〕163号）[②]是由浙江省人民政府办公厅在2016年12月19日制定实施的重要文件，当中明确要求采取有效措施进一步推动制度性交易成本的降低，通过简政放权等措施，进一步提高管理的效率，完善服务体系。浙江省人民政府办公厅于2017年6月9日通过实施了《关于深化企业减负担降成本改革的若干意见》（浙政办发〔2017〕48号）[③]，当中明确指出进一步推动制度性交易成本的降低，建立起完善的服务模式以及商事制

---

① 关于进一步降低企业成本优化发展环境的若干意见［S/OL］. http://www.zj.gov.cn/art/2016/4/7/art_32432_268861.html.

② 浙江省供给侧结构性改革降成本行动方案［S/OL］. http://www.zj.gov.cn/art/2017/1/5/art_32432_290014.html.

③ 关于深化企业减负担降成本改革的若干意见［S/OL］. http://www.zj.gov.cn/art/2017/6/13/art_32432_293126.html.

度改革。浙江省人民政府办公厅 2019 年 4 月 28 日通过实施的《关于开展"雏鹰行动"培育隐形冠军企业的实施意见》（浙政办发〔2019〕28 号）中明确指出，推动"最多跑一次"改革活动进一步深化，实现办事效率的提升以及办理时间的缩短，使制度性交易成本进一步降低。在具体实践方面，浙江开展"雏鹰行动"培育隐形冠军企业。

为了梯度培育中小微企业向"专精特新"发展，打造一批隐形冠军企业，浙江省政府开展了"雏鹰行动"，计划到 2022 年，科技型中小企业达到 6 万家以上，入库培育隐形冠军企业 1000 家以上，产生隐形冠军企业 200 家左右。《关于开展"雏鹰行动"培育隐形冠军企业的实施意见》指出，实施数字化改造提升、质量标准提升、创新能力提升等十项工程，引导中小企业开展质量、标准和品牌建设，打造"浙江制造"品牌，引导中小企业实施"针尖战略"，聚焦主业，主攻细分行业，并采取措施积极鼓励高校以及科研院所等基于非营利方式为中小企业提供重要的科研设备[①]。

为了实现市场规模的进一步扩大，浙江省政府采取有效措施进一步加大对外贸出口的支持力度，省财政三年统筹为民营企业、中小企业的发展提供了 20 亿元的资金支持，并设立了 80 亿元信贷资金，用于推动民营企业以及中小企业的融资发展。浙江省政府要求省市县建立起三级联动的"雏鹰行动"企业培育库，每一年均对符合要求的企业进行筛选，并为其提供科学的指导与服务，通过科学的评价检测以及动态跟踪进行典型企业的培育，建立起完善的企业培育发展模式。

（3）江苏省：提高贸易便利化，降低企业进出口成本

为减少企业成本，江苏省政府出台了多份相关文件，与此同时，在其他关联领域的文件中也可以找到关于"降低制度性交易成本"的相关规定。从江苏省 2016 年 2 月 26 日发布的《关于降低实体经济企业成本的意见》（苏政发〔2016〕26 号）[②]中可以看出，政府希望借助其职权既能帮助企业降低用人、运输、使用能源和使用土地资源的成本，同时又能为企业在控制融资成本、税务负担乃至制度性交易成本等多个方面提供便利。此外，2016 年 11 月 29 日，江苏省

---

① 关于开展"雏鹰行动"培育隐形冠军企业的实施意见［S/OL］. https://www.creditchina.gov.cn/home/zhngcefagui/201908/t20190806_164459.html.

② 关于降低实体经济企业成本的意见［S/OL］. http://www.jiangsu.gov.cn/art/2016/11/29/art_46143_2543254.html.

颁布《关于进一步降低实体经济企业成本的意见》（苏政发〔2016〕156号）[1]，其关注的重点主要侧重于如何减少企业运营的制度性交易成本。同年12月12日，江苏省政府颁布了《关于进一步促进民间投资发展的意见》（苏政发〔2016〕161号）[2]，提出要减少项目建设和运营成本，加快建设较为集中的行政许可权改革试点，全方位整治行政审批流程的中介服务项目及其对应的收费标准，力求减少制度性交易成本。2018年11月4日，江苏省政府发布的《关于进一步降低企业负担促进实体经济高质量发展的若干政策措施》（苏政发〔2018〕136号）[3]则在免除行政审批的基础上，更加深入地缩减工业产品生产许可证，减少审批流程，降低审批难度，同时，不断改善经营环境进而达到减少制度性交易成本的目的。2019年3月1日，江苏省政府发布《关于进一步加大基础设施领域补短板力度的实施意见》（苏政办发〔2019〕24号）[4]，其内容主要为加强改善营商环境。2020年3月27日，江苏省发布《关于推进绿色产业发展的意见》（苏政发〔2020〕28号）[5]，明确规定应不断建设和强化市场诚信机制和行业自律机制，努力缩减制度性交易成本，帮助绿色产品生产企业降低成本。

在实际的执行过程中，江苏省在不断调节和改善营商环境的基础上，致力于降低贸易的复杂化程度，尽可能地为贸易市场保驾护航，从而减少企业进出口贸易的成本。

江苏是我国对外开放的先行者，开放是江苏发展建设的时代主题，为缓解持续增加的稳外贸压力，江苏省不断改善营商环境，努力提升贸易的便利化程度，减少企业进出口贸易的成本，营造高质量的对外经济贸易发展态势。自2019年起，江苏省以积极的态度应对经贸摩擦，省商务厅切实执行国务院关于稳外贸政策的相关规定，确保出口信保尽可能地为企业开拓国际市场提供最大的帮助，

---

① 关于进一步降低实体经济企业成本的意见［S/OL］．http://www.jiangsu.gov.cn/art/2016/11/29/art_46143_2543254.html.

② 关于进一步促进民间投资发展的意见［S/OL］．http://www.jiangsu.gov.cn/art/2016/12/12/art_46143_2543263.html.

③ 关于进一步降低企业负担促进实体经济高质量发展的若干政策措施［S/OL］．http://www.jiangsu.gov.cn/art/2018/11/8/art_46143_7874361.html.

④ 关于进一步加大基础设施领域补短板力度的实施意见［S/OL］．http://www.jiangsu.gov.cn/art/2019/3/15/art_46144_8277414.html.

⑤ 关于推进绿色产业发展的意见［S/OL］．http://www.jiangsu.gov.cn/art/2020/4/1/art_46143_9029775.html?gqnahi=affiy2.

积极帮助中小型外贸公司解决融资困难问题，同时建立了一项较有特色的融资业务即苏贸贷，它将政府、银行以及保险公司有机结合起来，切实解决了企业对外贸易的内忧。为了充分利用国家和省政府进口贴息的相关规定，江苏省进一步修改健全《江苏省鼓励进口技术和产品目录（2019）》[①]，支持和鼓励企业加大优势商品的进口，比如国外高科技技术、顶级设备以及关键零部件等，充分利用进口带动产业升级。

值得注意的是，我国人口年龄结构不断发生改变，老年人口比例不断增加，劳动力成本水涨船高，以往的劳动力成本优势将不复存在，企业的用人成本不断增加，如工资、"五险一金"等都有较大幅度的提升，降低东部地区的制度性交易成本仍有很多困难需要克服。从数据可以看出，2016年到2018年期间，东部地区企业的用人成本和"五险一金"的支出都是最高的，三年的人均值分别为6.46万元和1.30万元。由于用人成本和物流成本不断攀升，东部地区企业用能和用地的成本降幅并不明显，造成东部地区企业的综合成本费用最高（见图5-4）。部分研究指出，在实践中出现了部分职能部门为了躲避责任而将工作内容流程化、形式化，从而又出现新的制度性交易费用；信息资源的不流畅和

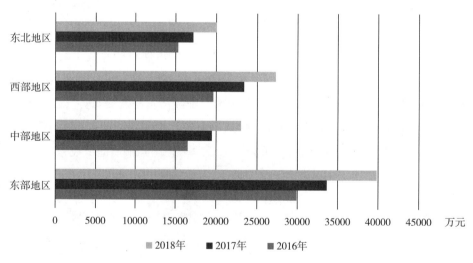

图5-4　不同区域企业综合成本费用

① 江苏省鼓励进口技术和产品目录（2019）［S/OL］. http://swj.taizhou.gov.cn/art/2019/2/13/art_45872_1997144.html.

不对等也是导致制度性交易费用居高不下的原因之一。如何规范和取消不合理的收费事项等问题仍是值得政府部门深思的难题[①]。

2. 中部地区概况

中部地区自然资源丰富、产业门类齐全、生产要素密集、创新资源丰富、交通条件便利，是我国东西南北物流、信息金融等经济生产要素的汇集和扩散中心，在全国区域发展格局中占有举足轻重的战略地位。近年来，中部地区以新发展理念为引领，奋力开创中部地区崛起新局面。国家统计局数据显示，2019年，中部地区的地区生产总值为218738亿元，增长7.3%，在四大区域板块中增速继续居首，为支撑全国经济稳定增长作出了重要贡献。2020年第一季度，在疫情冲击下，除湖北外其他五省的降幅均小于全国同比降幅，呈现出强大的发展韧劲。当前，中部地区崛起势头正劲，发展大有可为，要紧扣高质量发展要求，乘势而上，扎实工作，推动中部地区崛起再上新台阶。实行降低企业制度性交易成本的供给侧结构性改革政策措施，能够为中部地区实现更高质量的经济发展带来新的契机。

中部地区各省认真贯彻落实《国务院关于印发降低实体经济企业成本工作方案的通知》（国发〔2016〕48号）[②]精神，不仅借鉴经济发展较好省份的经验，同时还立足当下，根据自身的产业发展特点及优势作出适当调整，制定了适合各省发展需求的政策和措施来减少企业成本、营造良好的发展环境，从颁布相关政策、宣传鼓励、督查考核入手，认真执行入企帮扶、切实为企业处理解决问题等关键任务，具体包含举行产业链对接帮扶、专家一对一帮扶、领导挂点沟通联系企业、万名干部下一线等活动，并建立企业问题及时受理、台账管理、分类处理机制，以及强化督查落实、总结评估和考核问效工作。

（1）江西省：多措并举统筹推进，全流程降低企业成本

各省的专项行动系统全面、措施有力，政策针对性、操作性都较强。与外省相比，江西省也是力度最大、措施最多的省份之一，专项行动开展后，带来了显著成效，包括大幅度降低企业成本、提升行政效率、增强企业信心、形成

---

① 刘尚希，王志刚，程瑜，韩晓明，施文泼. 降成本：2019年的调查与分析［J］. 财政研究，2019（11）:3-16.
② 国务院关于印发降低实体经济企业成本工作方案的通知［S/OL］. http://www.gov.cn/zhengce/content/2016-08/22/content_5101282.htm.

主动扶企的良好氛围。专项行动提出的全方位入企帮扶体系，不仅调动了省市县三级领导、机关干部的力量，还调动了科研院所、大专院校、金融机构、骨干企业等各方面力量，有利于在全省形成主动扶企促发展、共同推进供给侧结构性改革的良好氛围。

2016 年 4 月 25 日，为了更好地解决企业成本支出问题，有效降低支出，江西省印发了《关于开展降低企业成本优化发展环境专项行动的通知》（赣字〔2016〕22 号）[①]。同年 11 月 10 日，发布《关于降低企业成本、优化发展环境的若干政策措施》（赣府发〔2016〕44 号）[②]，进一步提出 20 条政策措施。2017 年 5 月 23 日，江西省委省政府在此前公布的政策措施基础上，发布《关于降低企业成本优化发展环境的若干意见》[③]，从降低企业成本、优化发展环境两大方面提出了 80 条具体政策。2018 年 11 月 2 日，江西省政府为了持续推进企业的降本增效工作，改善发展环境，印发《关于进一步降低实体经济企业成本的补充政策措施》（赣府发〔2018〕30 号）[④]，主要包括五个方面的内容：一是减少企业在运转经营方面的不必要费用支出；二是深化减少企业的税务费用；三是减少生产过程中的物资能源消耗费用；四是减少企业融资过程中产生的费用支出；五是减少企业在物流运输过程中产生的费用支出。需要落实的政策具体包括六个方面：一是企业的产品和技术研发升级费用等税前减免政策；二是企业的增值税政策；三是政府对企业的资金免除政策；四是鼓励企业发展减除税收政策；五是相关企业的税务费用减除政策；六是鼓励新兴企业税务费用政策。江西省还颁布了 22 条政策，主要包括：减小企业产生的中间成本；减免相关企业的某些收费项目；公开每次企业减免费用并坚持执行；增加电子政务平台的工作效率并降低收费标准；缩减工业产品生产许可证；督促贸易产品实现网络化办理的全过程；增加对小微企业获取金融机构融资扶持工作；有效降低工人工资成本费用；坚持执行公路收费减免标准；合理化利用能源服务

---

① 关于开展降低企业成本优化发展环境专项行动的通知［S/OL］. http://www.jxlc.gov.cn/art/2020/3/18/art_4770_2009563.html.

② 关于降低企业成本、优化发展环境的若干政策措施［S/OL］. http://zfgb.jiangxi.gov.cn/art/2016/11/17/art_11429_361297.html.

③ 关于降低企业成本优化发展环境的若干意见［S/OL］. http://www.jiangxi.gov.cn/art/2017/5/23/art_4642_209518.html.

④ 关于进一步降低实体经济企业成本的补充政策措施［S/OL］. http://www.jiangxi.gov.cn/art/2018/11/6/art_4975_401233.html.

标准；减少物流运输过程中产生的费用支出；减少企业使用土地方面的费用支出；减少外贸集装箱物流运载使用车辆的费用收取标准；政府拖欠费用及时缴还相关企业；增加对企业的产品和技术研发的支持力度；减少企业使用能源的费用支出；等等。

在具体实践方面，江西省多措并举降低实体经济企业成本。

在金融方面，不仅要坚持执行国家下发的相关企业帮扶政策，还要降低金融机构贷款的标准要求，加强企业的贷款支持力度，鼓励银行等金融机构帮扶小微企业，发行有利于小微企业的贷款、政府和债券，增加对小微企业的贷款额度，保证其资金链的运转。与此同时，金融机构不仅可以持续推动贷款相关措施的实施，保证小微企业的资金链能够得到及时的供应，不会出现资金链断裂情况，还可以逐一细化部门间的工作职责管理内容，真正落实工作要求，适时减少小微企业在收益方面的要求标准，增加金融贷款机构对其贷款业务的主动性。在收费方面，江西省各级政府按照目录管理、统一定价、公开透明的要求，制定金融服务价格目录，建立目录清单动态调整机制，定期评估并及时调整收费项目和定价，对于浮动区间收费，将明确标准，不得简单顶格收取；明确禁止向小微企业贷款收取承诺费、资金管理费，严格限制收取财务顾问费、咨询费。

（2）湖南省：深入落实供给侧结构性改革，协同推进降本增效

2016 年 8 月 29 日，湖南省政府为了贯彻执行帮扶实体企业，印发了《关于进一步降低实体经济企业综合成本实施方案》（湘政办发〔2016〕62 号）[①]，其目的有两个：一方面是要切实降低企业成本；另一方面是提高实体企业的效益，促使其发展进步。具体内容包括以下几个方面：一是深化减少能源消耗成本支出；二是减少相关企业的管理服务成本支出；三是减少企业融资产生的费用；四是减少相关企业的行政性质的费用支出；五是减少工人工资支出费用；六是按照要求各部门执行审查批准工作，减少不必要的中介费用支出；七是减少物流运输车辆行驶过程中的收费支出；八是设立企业降本增效工作机制并贯彻执行；九是减少电子政务平台收费。2018 年 9 月 30 日，湖南省人民政府办公厅印发《关

---

① 关于进一步降低实体经济企业综合成本实施方案［S/OL］. http://www.czs.gov.cn/html/zwgk/ztbd/13199/ 52091/52122/52124/content_2948288.html.

于降低实体经济企业成本的实施方案》（湘政办发〔2018〕56号）[1]，内容包括以下几个方面：一是减少工人工资产生的成本；二是减少不必要的按照规定产生的交易费用；三是减少运输过程中产生的费用；四是减少企业的税务费用；五是加大企业内部的资金运转效率；六是减少能源消耗；七是鼓励企业进行内部的潜力挖掘工作；八是理性减少融资过程中造成的费用支出。

在具体实践方面，湖南省大力支持引导企业降本增效。

首先，湖南省提倡地区各企业不断提升完善生产技术，主要从以下几个方面全面提高：一是生产产品的技术水准；二是工作环境的安全问题；三是企业的生产加工流程中的工具；四是产出的产品为企业带来的收益；五是企业的能效水平。其次，湖南省政府提出各地级市政府可以利用奖励机制，帮扶当地企业进行产品技术开发的提升，以及产品的更新换代。湖南省政府还积极倡导企业减少能源和原材料等采购费用支出，加大对以下两个方面的关注：一方面是供应链管理，使得运输过程中产生的成本得以最小化；另一方面是利用科学的方式对运输过程进行管理。再次，湖南省政府要求相关工作部门和各个行业协会，积极调查整理成功企业减少成本支出以及提高工作效率的办法，帮助企业整顿提高内部管理工作，减少能源消耗和不必要的材料消耗，以及每一项可以节省的费用支出等办法，勉励其他企业向其学习减少成本支出并增加工作效率的办法。最后，湖南省政府颁发了《湖南省支持企业研发财政奖补办法》[2]，该办法要求企业在进行产品和技术研发前到相关部门进行提前备案，有效实行后再到相关部门领取奖励补贴，最高补助额度可达1000万元。

此外，湖南省政府为了落实供给侧结构性改革的推进工作，更加切实有效地减少企业成本支出，具体从以下三点出发：一是提出帮扶实体企业经济效益增加的政策措施；二是改善企业的生存发展环境；三是持续推动和完善企业减少成本支出的有效措施。为了使企业的降本效果更加显著，湖南省政府要坚持改进企业减少成本支出费用系统及工作效率，具体从以下两点出发：第一，省内联席会议落实协助调整工作，起到减少各实体企业的成本支出的

---

[1]　关于降低实体经济企业成本的实施方案［S/OL］. http://www.hunan.gov.cn/xxgk/wjk/szfbgt/201809/ t20180930_5113418.html.

[2]　湖南省支持企业研发财政奖补办法［S/OL］. http://www.hunan.gov.cn/xxgk/wjk/szbm/szfzcbm_19689/ sczt/gfxwj_19835/201901/t20190114_5257880.html.

作用；第二，省内各地区之间的相关工作单位应互相协作，积极实行信息的实时沟通和协商调整，致力于进一步减少企业的成本支出费用。每一个带动工作要点的部门机构要做到以下几点：一是设立流水账机制；二是每一条发布的工作任务都应按照要求逐一进行分解落实工作；三是明确全部有关工作要求；四是针对统筹工作要保持部门间的协同性；五是实时监控所设定制度的执行度并及时作出调整；六是不仅要及时了解重要工作内容的进度，还要随时了解相关措施的制定情形；七是针对制定政策推行时发生的问题能够及时处理；等等。湖南省还强化评估督查，由省人民政府督查室、省发展改革委（省优化办）、省经信委（省减负办）、省审计厅牵头开展降成本政策措施落实情况督查，采取下达督查通知书、约谈、挂牌督办等方式，确保各项降成本政策措施落地，达到预期效果。

3. 东北地区概况

东北地区重工业和农业的发展为国家作出了突出贡献，在我国经济结构体系中始终占据重要的战略地位。近年来，东北地区经济增长缓慢，传统动能转型不足，新兴动能培育不够，存在以龙头企业为引领的产业集群化发展程度较低、人才结构失衡与高技术产业发展乏力等问题，需要结合国家和地区的发展战略，努力把握新一代工业革命给东北地区经济社会发展带来的历史性机遇，以供给侧结构性改革为抓手，减少企业制度性交易成本，培育东北振兴的产业推动"新引擎"，实现东北的全面振兴。

当前，东北地区各地均深入贯彻落实国家的大政方针以及相关制度条例，依据"五位一体"以及"四个全面"的重要布局，充分贯彻落实"五大发展理念"，不断推进政府功能职责的改革进程，加快供给侧结构性改革的进程，通过一系列具体办法和措施，大力减少企业的制度性交易成本，加快企业调结构、促发展的步伐，不断提高产业的综合实力，寻找新的稳定经济点。

（1）黑龙江省：多措并举缓解企业困难，全面降低企业成本

48号文颁布后，黑龙江省以国家文件为重要依据和标准，与本省的具体情况相结合，将办法措施具体化，增强可行性，针对减轻企业税费负担、制度性交易成本等诸多方面出台了一系列具体办法，在减轻企业制度性交易成本方面表现突出。2016年12月，黑龙江省人民政府印发《黑龙江省降低企业制度性成

本改革试点方案》（黑政办发〔2016〕142 号）[①]；2017 年 4 月 6 日，印发《黑龙江省降低实体经济企业成本实施细则》（黑政规〔2017〕2 号）[②]。发布的政策文件旨在解决企业成本过高问题，降低企业经营成本、生产成本、运营成本，促进企业加速发展，从涉及企业成本的税费、融资、人工、用能用地、物流、资金周转效率等八大方面，采取多项举措缓解企业困难，助推企业转型升级。2020 年 5 月 9 日，黑龙江省生态环境厅印发《黑龙江省环评审批正面清单实施细则（2020 年本，试行）》（黑环规〔2020〕1 号）[③]，简化环境影响评价审批手续，降低企业制度性交易成本，有效服务项目开工建设和企业复工复产，为经济社会秩序全面恢复提供有力支撑。

对于行政审批制度的改革，黑龙江省走在了全国的前列，2015 年底建立了线上审批监管平台，所有投资项目都可以在线办理，依法办理，及时处理，监督检查到位。2016 年，在线审核、校对、备案项目超过 7500 个，并且进一步将投资项目准入流程全面简化，精简到将选址意见、用地预审和重特大项目的环评审批作为必要前提条件。项目备案变成开工前办理，而不是作为办理手续的前置。一些市区采取"负面清单"的管理形式，比如，2017 年在哈尔滨松北新区，企业投资类事项的审批流程减少为 20 个环节，企业在该区如果没有被列入"负面清单"，在办理行政审批事项的过程中可直接备案，不需要审批流程。截至 2019 年初，黑龙江省共放宽政府的行政权力超过 240 项，行政权力精简率、行政审批精简率分别超过 85% 和 72.5%。

在管理行政权力中介服务层面，2016 年末，黑龙江省政府出台了清理省政府部门行政权力中介服务事项的相关文件，清理规范省政府部门行政权力中介服务事项超过 65 项。2017 年初，黑龙江省政府颁布了《关于印发黑龙江省降低实体经济企业成本实施细则的通知》[④]，其中明确提出进一步简化放宽行政权力中介服务。进一步精简行政审批前置中介服务事项，利用目录清单管理和规范

---

① 黑龙江省降低企业制度性成本改革试点方案［S/OL］. http://www.hlj.gov.cn/wjfg/system/2017/04/24/010823270.shtml.

② 黑龙江省降低实体经济企业成本实施细则［S/OL］. http://www.hlj.gov.cn/wjfg/system/2017/04/06/010819975.shtml.

③ 黑龙江省环评审批正面清单实施细则（2020 年本，试行）［S/OL］. http://www.hljdep.gov.cn/zcfg/fg/dffg/2020/05/26639.html.

④ 关于印发黑龙江省降低实体经济企业成本实施细则的通知［S/OL］. http://www.hlj.gov.cn/wjfg/system/2017/04/06/ 010819975.shtml.

法定中介服务事项，致力于消除政府外部的相关壁垒以及相关中介服务机构的各种执业屏障。

黑龙江省进一步推进工商登记注册制度的精简改革，调整统计登记证，从"四证合一"转变为"五证合一"，旨在打造便利化的氛围。完成"一张表"、向"一个窗口"提交"一套材料"，即可办理工商及税务登记，以便于加快整合个体工商户营业执照和税务登记证[①]。进一步建立健全良好的市场退出机制，加快工商户简易注销登记等改革试点的推广与试验。依据相关法律规定规范和管理经营场所的相关登记条件，通过企业集群登记管理科技产业园区等区域，为小微企业成长和大学生自主创业提供大力支持与帮助。2016年底，黑龙江省小微企业名录库正式开始使用，录入小微企业的数量达到百万户。

在具体实践方面，黑龙江省2013—2017年共减负756亿元，年均151亿元。

从2013年开始，黑龙江省多措并举，大力降低企业物流成本，降低企业融资、保险、资源、制度性交易等成本。第一，深入贯彻落实关于小微企业、新兴企业、绿色环保企业等的相关优惠政策，黑龙江省一共为企业减税超过258.2亿元；第二，黑龙江省进一步加强对涉企行政事业性收费和政府性基金的运营与管理，行政事业性收费项目压缩至64项，有利于为减轻税费负担奠定坚实的基础；第三，将建设工程、土地以及矿产权交易服务费等经营服务性收费取消，为企业减负超过2.2亿元；第四，黑龙江省大力鼓励支持金融机构支持和帮助"三农"、小微企业快速发展，2013—2017年，减少企业成本超过106.7亿元；第五，2017年，黑龙江省失业保险单位缴费费率大幅度下降，以便于减小企业用工成本保险费率；第六，对于减少企业资源成本，2013年至今，黑龙江省通过调整大工业用电价格、煤电价格、降低电价等一系列举措办法，共减少企业用电成本38.4亿元左右，借助减少天然气门站以及配气价格等一系列措施，总共为企业减少用气成本达到5.1亿元以上，建立完善的成品油吨升折算系数动态调整体系，年均降低社会用油成本0.9亿元。

---

① 刘尚希，韩晓明，张立承，程瑜，施文泼，景婉博.降低制度性交易成本的思考——基于内蒙古、黑龙江的调研报告［J］.财政科学，2017（8）:22-31.

（2）辽宁省：保企降费促发展，不断优化营商环境

《辽宁省降低实体经济企业成本工作实施方案》（辽政发〔2016〕71号）[①]是由辽宁省政府于2016年11月制定通过的重要文件，其中明确指出，通过大约三年的时间，将实体经济的企业综合成本控制在更低的水平，具体包括税费、融资成本、制度性交易成本等，共42条相应措施，最终目标是使实体经济企业的困难得到有效的解决，实现企业的转型升级，使全省经济保持健康的发展状态。

为了彻底脱去"投资不过山海关"的帽子，2019年，辽宁省以优化营商环境为基础，全面深化改革，形成了投资升温势头。2020年1月，辽宁省"一体化在线政务服务平台"正式上线运行，行政许可、行政确认、行政给付、公共服务等各类政务服务事项均已实现网上办理。从修订中国第一部省级相关条例《优化营商环境条例》[②]（2019年7月30日辽宁省第十三届人民代表大会常务委员会第十二次会议通过，自2019年10月1日起施行），到以省政府令形式出台了中国首个机关规定《推进"最多跑一次"规定》（辽宁省人民政府令第328号）[③]，再到出台《辽宁省企业权益保护条例》[④]（辽宁省人民代表大会常务委员会公告第9号，2019年11月28日辽宁省第十三届人民代表大会常务委员会第十四次会议通过）、《辽宁省人民政府关于加强诚信政府建设的决定》[⑤]（辽政发〔2019〕24号）等系列规章文件，辽宁一直在从根本上找原因、补短板。同时，政府部门梳理出台了政务服务事项清单，做到清单之外无审批、无收费、无处罚；取消、下放、调整省级行政许可事项101项，向沈抚新区行政赋权169项；按照"减材料、减环节、减时限、减跑动次数"的要求，优化审批流程，平均减少材料17%，减少时限40%，减少跑动次数28%。此外，为了进一步推动政府服务诉求信息平台的改革活动，辽宁省于2019年1月2日对不同的诉求渠道进行了系统性的整合，设置了8890综合服务平台。该平台运行一年内，接

---

① 辽宁省降低实体经济企业成本工作实施方案［S/OL］. https://www.ndrc.gov.cn/xwdt/ztzl/gdqjcbzc/liaoning/201807/t20180704_1209363.html.

② 优化营商环境条例［S/OL］. http://www.lnrd.gov.cn/important/show–42988.html.

③ 推进"最多跑一次"规定［S/OL］. http://www.tlqh.gov.cn/tlqhq/zfxxgk57/zwgk65/yhyshj79/762378/index.html.

④ 辽宁省企业权益保护条例［S/OL］. http://www.lnrd.gov.cn/important/show–43023.html.

⑤ 辽宁省人民政府关于加强诚信政府建设的决定［S/OL］. http://wlgdj.jz.gov.cn/s_v_7009.html.

收到的诉求问题总数达到 278.1 万件，其中办结的案件数量为 270.1 万件，办结率高达 97%。

在具体实践方面，辽宁出实招优化营商环境。

辽宁自贸区营口片区是我国首先推进"三十九证合一"改革的地区，这一改革将 39 个涉企证照的有关信息综合到了营业执照中，极大地便利了企业的发展。目前，已经有 236 家企业获得了这一营业执照。另外，自贸区以动态二维码完成了对外贸易经营者备案登记等工作，实现了减证的目标。

最近几年，辽宁省政府开始以"五证合一"等方式继续降低企业制度性交易成本，并获得了较为显著的成绩。企业制度性交易成本的起源在于企业经营过程中政府为其设置了过多不必要的框架，各类证件审批的标准严格，审批的流程复杂。因此，"放管服"应以"放"为核心，从而实现企业成本的有效降低。

从公开的信息看，辽宁的"三十九证合一"改革更多的还是在面向企业"前端"做减法，内部的"后台"管理层面实质性"减法"尚不明显，相关管理部门的"三十九证"尚未能真正做到合一。

辽宁省在 2018 年 1 月之后开始对政府失信行为进行深入的调查以及严格的处罚，调查发现了政府拖欠工程款等诸多问题，并基于"一事一策"的方法进行了整改计划的制订。为了防止出现"新账"的问题，省政府对各地作出以下指示要求：抽查 30% 以上的引进项目。该政策执行后，辽宁省共偿还了 111.5 亿元的欠款，抽查的项目数量为 2298 个，并采取有效措施进一步监督 142 个未履约项目。辽宁省还设置了打造发展环境最优省的发展目标。通过开展相应的专项整治活动，构建起了完善的通报、约谈机制；针对关键目标建立评价制度体系。辽宁省还制定通过了大量的便民措施，特别是通过公布行政审批中介服务清单等方式，极大地推动了营商环境的改善，提高了辽宁对于企业的吸引力。

4. 西部地区概况

自 2000 年实施西部大开发战略以来，由于国家政策的支持，西部地区经济社会的发展速度有了很大程度的提升，主要经济指标有了显著的提高，同时基础设施建设的成就也十分瞩目，人民生活水平得到了极大的提高。虽然西部地区与其他地区的发展差距在逐渐缩小，但西部地区还存在参与国内产业分工程度较低、国际化发展水平和国际竞争力较弱、区域发展不平衡不充分等问题，各地区具体禀赋差异较大，需要因地制宜、精准施策，持续推进供给侧结构性改革，打通东西互济、海陆联动的堵点和淤点，扩大内需市场、集聚高端要素、畅通循环路径、提升高质量供给效能。各地在相关政策制定过程中，需综合考虑不同区域税收征收与降费之间可能存在的不平衡问题，制定对西部地区发展更加有利的发展政策，为企业提供针对性的优惠政策，从而培育起区域的优势产业和发展动能，并在政策的推动下，使整体的发展活力得到充分的激发。

（1）内蒙古：持续深化"放管服"改革，为企业松绑

2016 年 9 月 13 日，内蒙古自治区人民政府为进一步深化"放管服"改革，针对自治区经济发展实际制定并印发了《内蒙古自治区深入推进供给侧结构性改革着力做好降成本工作实施方案》（内政发〔2016〕107 号）[1]，该方案以深化"放管服"改革为核心理念，针对自治区经济发展实际从十个方面入手松绑企业手脚，促进企业发展。该方案涉及的主要方面包括为企业降税减负、为企业降费减负、降低企业在资本市场的融资成本、降低企业市场用工成本、帮助企业降低能源消耗成本、帮助企业降低土地使用成本、降低企业物流成本等。

2018 年 8 月 14 日，内蒙古自治区政府针对深化"放管服"改革，依据国内外市场经济发展的新变化，再次制定并印发了《内蒙古自治区优化营商环境工作实施方案》（内政发〔2018〕30 号）[2]。出台该方案的宗旨是进一步改革创新体制机制，为促进自治区内企业发展营造稳定、公平、透明的国际化、法治化营商环境，从而实现自治区经济高质量发展；同时，明确要求自治区各级政府提升其公共服务能力和水平，并以此为前提，力争用 3 年左右的时间，使自治区的营商环境的各项评价指标向经济发达省份看齐。与此同时，还要对标世界银行对此的核心评价指标，找差距挖根源，做好"精简""优化"和"透明"三篇文章，所谓"精简"，就是精简环节、时间和费用；所谓"优化"，就是优化流程，提高效率；所谓"透明"，就是进一步增加公共服务的透明度。为此，各级政府只有通过体制机制创新，才能实现提升效能、降低成本的改革目标，

---

[1] 内蒙古自治区深入推进供给侧结构性改革着力做好降成本工作实施方案［S/OL］. http://www.nmg.gov.cn/art/2016/9/13/art_4031_3675.html.

[2] 内蒙古自治区优化营商环境工作实施方案［S/OL］. http://www.nmg.gov.cn/art/2020/6/24/art_7354_329104.html.

从而激发有效的市场投资拓展空间。这不仅有利于营造公平的营商环境，而且有利于群众办事和生活。

2019年12月2日，内蒙古自治区政府印发《内蒙古自治区人民政府办公厅关于印发贯彻落实全国深化"放管服"改革优化营商环境电视电话会议重点任务分工方案的通知》（内政办发〔2019〕28号）[①]，该通知的主要内容涉及以下三个方面：一是如何进一步深化"放管服"改革；二是如何进一步提高各级政府的审批效能；三是如何进一步推进生态环境保护的综合行政执法体制改革。

在具体实践方面，内蒙古近年来进一步优化营商环境，全方位为企业松绑减负。

以呼和浩特市为例，近年来，呼和浩特市以深化"放管服"改革为抓手，采取了以下五个方面的新举措：①涉及企业发展的专项服务工作走在全区甚至全国的前列，因此受到国务院点名表扬。②把2019年确定为呼和浩特市的"营商环境提升年"，为此制定并出台了《呼和浩特市人民政府办公厅关于印发呼和浩特市优化营商环境工作实施方案的通知》（呼政办发〔2018〕95号）[②]，以此来进一步突出优化营商环境工作的紧迫性和重要性。③通过实施五个针对性专项行动，进一步优化营商环境。五项专项行动主要涉及政务服务、投资贸易、创新创业、诚信法治、便利宜居五个方面。④呼和浩特市创新性地建立了政商常态化沟通机制，并针对优化企业营商环境出台了10条新规定，针对促进民营企业发展出台了50条新政策。这些新举措的出台，不仅极大转变了呼和浩特市的机关工作作风，而且便利了企业群众，从而进一步提高了全市的行政效率。⑤进一步完善呼和浩特市企业参与制定本市相关政策的机制，政府在出台涉及企业切身利益的重大政策之前，通过多种灵活方式充分听取相关企业的意见和建议，比如，定期组织企业家座谈等，并对相关意见和建议及时回应。目前呼和浩特市在深化"放管服"改革过程中，通过创新性的改革新举措，已经在全市形成了尊商、亲商、重商、扶商、安商的营商氛围。

---

① 内蒙古自治区人民政府办公厅关于印发贯彻落实全国深化"放管服"改革优化营商环境电视电话会议重点任务分工方案的通知［S/OL］. http://www.nmg.gov.cn/art/2019/12/11/art_1686_290856.html.

② 呼和浩特市人民政府办公厅关于印发呼和浩特市优化营商环境工作实施方案的通知［S/OL］. http://www.huhhot.gov.cn/hhht_mobile/zwgk/szf_xxgk/201901/t20190103_402957.html.

（2）重庆市："减、奖、惠"精准发力，切实降低企业负担

2016年11月16日，重庆市人民政府为切实贯彻执行国务院深化"放管服"改革的相关部署和要求，发布了《关于贯彻落实国务院降低实体经济企业成本工作方案任务分工的通知》（渝府办发〔2016〕242号）[①]，该通知在以下三个方面作出了具体要求：一是从打破地域分割和行业垄断入手，为市场营造公平竞争的环境；二是从完善社会信用体系入手，为企业发展创造诚信的营商环境；三是从剥离国有企业办社会职能入手，促进贸易便利化，切实帮助企业减负。

2018年9月17日，重庆市人民政府为促进自贸试验区发展颁布了第322号政府令，这是推动试验区放开手脚促发展的试行性管理办法，文中明确规定将深化"放管服"改革放在试验区管理工作的首位，同时指出政府职能部门只有通过优化服务、提高行政效能，才能从根本上优化营商环境。

2018年10月31日，重庆市人民政府依据深化"放管服"改革过程中的新变化新问题，出台了降低制造业企业成本的若干政策措施，相关政策措施主要针对降低制度性交易成本，主要涉及以下三个方面：①加大重庆市工程建设项目审批制度的改革力度，比如明确规定15个工作日内办结一般工业建设项目的审批手续。②通过"双随机、一公开"监管模式，对促进企业发展的事情做到事中事后全程监管。③进一步提高中介服务水平。通过"网上超市"加强对中介服务的监管力度，形成完善的交易评价和退出机制。

在具体实践方面，重庆市"减、奖、惠"精准发力，切实降低企业负担。

2018年，重庆市针对本市制造业企业发展实情，及时出台了九大政策举措降低相关企业成本。这九大政策举措涉及社保、物流、融资和能源等各个方面，每一方面都涵盖"减、奖、惠"三篇大文章。比如企业在资本市场融资，无论企业以何种合法方式融资成功，重庆市都将依据九大政策，视企业融资情况分别给予资金奖励，最高奖励资金为200万元，帮助企业充分利用资本市场实现跨越式发展。同时，"减、奖、惠"的相关政策举措向智能化改造和信息化技术发展方向倾斜，高深技术的单个项目就可获得重庆市政府最高500万元的补助金额。重庆市还鼓励各大商业银行积极创新多种金融产品和服务模式促进小

[①] 关于贯彻落实国务院降低实体经济企业成本工作方案任务分工的通知［S/OL］. http://m.law-lib.com/law/law_view.asp?id=560676.

微企业发展。

综上所述，党中央、国务院高度重视深化"放管服"改革的核心内涵就是帮助企业降低经营成本，在实践中放开手脚实现良性快速发展。目前重庆市政府不仅深刻领会深化"放管服"改革的内涵思想，而且结合重庆市社会经济发展的新形势，及时出台创新性政策举措；同时，各级地方政府也将为企业降成本工作列为一把手工程，及时总结和反思自身实践工作，出台针对性改进措施，推进相关工作顺利实施。

第六章 降低制度性交易成本的政策效果与潜力研究

第一节 问卷概述

1. 调研背景

2018年《政府工作报告》提出，要继续抓好"三去一降一补"，大力简政减税降费，不断优化营商环境。深化供给侧结构性改革，重点在"破、立、降"上下功夫。新形势下，进一步降低制度性交易费用，既是深化供给侧结构性改革的重要内容，又是经济高质量发展的内在要求。

制度性交易成本可以理解为因政府的各种政策制度"不到位、不透明、不配套、不及时"而给企业带来的交易成本，也可以理解成是企业在遵循政府制定的一系列规章制度时所需付出的各种成本。制度性交易成本是企业提升盈利能力面临的主要关卡，也是制约企业转型升级和创新驱动发展所需面临的主要成本。[①] 具体来看，这主要包括政府行政审批制度、行政性事业收费、市场环境对企业绩效的影响等。审批制度领域的影响主要体现为企业办理相关手续时程序复杂，手续无法简化，不能实现真正意义上的并联审批；行政性事业收费的影响主要体现为行政审批、维护政商关系等费用；市场环境领域的影响主要体现为竞争壁垒、知识产权保护、商业纠纷等市场环境给企业带来的成本。因此，本问卷调查主要围绕政府放权与服务、行政性事业收费和市场环境几个方面展开，通过企业2012年前后制度性交易成本的对比，评估我国执行降低制度性交易成本政策的效果与潜力。

---

① 赵治纲."降成本"现状、成因与对策建议［J］.财政科学，2016（6）:47-53.

2. 问卷设计

本书基于以上分析，并参考了以往学者对相关问题的研究成果，设计了一套初始问卷，问题形式包括选择式和填空式，问卷内容主要包括以下五个部分（具体问卷见附录）。

第一部分：企业基本情况调查

该部分主要调查企业的基本情况，包括所处地区、所属行业、成立时间、营业收入、利润率和员工数量等。企业的制度性交易成本很可能存在区域性和行业性差异，企业的成立时间、规模以及盈利情况不同也可能导致企业面临不同的制度性交易成本，因此，对企业的基本情况进行分析有助于本书根据不同研究对象，探究降低制度性交易成本的差异性。

第二部分：政府放权与服务调查

为衡量政府行政审批制度对企业制度性交易成本的影响，本问卷设计了以下几个问题：企业行政审批的数量、时长、形式以及变化情况，企业面临的工商注册审批、土地审批、建筑规划与建筑施工审批等主要审批的平均天数，评估企业面临行政审批的复杂程度。

第三部分：行政事业性收费调查

为调查企业行政事业性收费情况，本问卷从企业评估类支出、行政审批类支出、产品检验支出、维护政商关系支出几个大类出发，分别调查这几类支出占总成本的比例以及变化幅度。

第四部分：市场环境调查

为了解企业经营所面临的市场环境，本问卷从地方保护性限制、知识产权保护、信用系统完善程度、商业纠纷成本和政府提供的员工培训等方面出发，分析市场环境的各方面给企业带来制度性交易成本的大小。

第五部分：开放性问题

3. 问卷发放与回收

问卷数据收集步骤如下：（1）设计调查问卷；（2）预测试并修订调查问卷；（3）招募调查对象并给予他们说明和指导；（4）进行调查；（5）核对收集到的数据。

在调查前对调查人员进行问卷的熟悉和培训，围绕企业制度性交易成本开展本次调研活动。问卷在进行预调查并微调后，采取分层抽样调查方法，主要选择制造业企业随机发放问卷调查。共发放问卷 400 份，剔除信息不完整和有明显逻辑错误的问卷后，共收回 386 份，样本有效率为 96.5%。

第二节　总体样本的描述性分析

企业地区分布均匀，样本代表性较强。为科学反映我国不同区域的社会经济发展状况，为党中央、国务院制定区域发展政策提供依据，根据《中共中央、国务院关于促进中部地区崛起的若干意见》《关于西部大开发若干政策措施的实施意见》以及党的十六大报告的精神，2011 年国家统计局将我国的经济区域划分为东部、中部、西部和东北四大地区。为了使本次关于降低制度性交易成本政策效果与潜力研究的整体样本更加齐全，来源更具有代表性，使对企业降低制度性交易成本政策效果与潜力研究更加真实有效，样本数据包括了我国四个经济区域的 386 家企业代表，覆盖 22 个省份，企业样本主要来源于东部地区与西部地区，占比分别为 37.8% 与 33.7%。

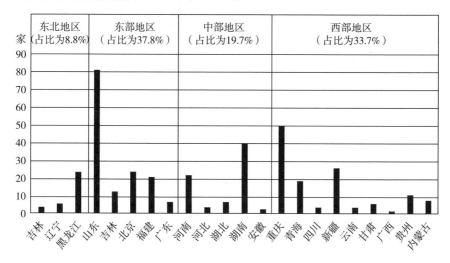

图 6-1　问卷样本省份分布状况

样本囊括行业广泛，质量较高。为了更好地反映我国三次产业的发展情况，满足国民经济核算、服务业统计及其他统计调查对三次产业划分的需求，根据《国民经济行业分类》（GB/T 4754—2011），国家统计局将我国产业划分为三大产业。第一产业是指农、林、牧、渔业（不含农、林、牧、渔服务业）；第二产业是指采矿业（不含开采辅助活动），制造业（不含金属制品、机械和设备修理业），电力、热力、燃气及水生产和供应业，建筑业；第三产业即服务业。在本次问卷中，为了更好地分析出制度性交易成本政策效果在产业以及行业之间的差异性，企业样本数据包括了第一、第二、第三产业，因为制度性交易成本下的政府放权与服务、行政事业性收费、市场环境效果在第二产业中体现得更加明显，所以本次企业样本主要属于第二产业，占比为92.5%。样本企业包括了第二产业中的金属制造业（11.8%）、通用专用设备制造业（10.6%）、交通运输设备制造业（9.3%）、非金属矿物制造业（9.3%）等15个主要行业。

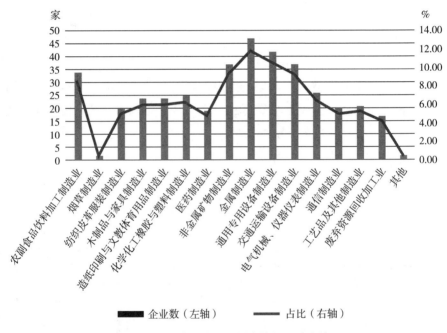

图 6-2　第二产业中企业样本的行业分布情况

样本企业成立时间较早，主要为中小型企业。样本企业成立时间主要为2012年及以前，占样本量的80.8%，以方便在研究中对比政府放权、行政事业性收费、市场环境以及其他方面在2012年以后的变化，从而能更好地反映降低制度性交易成本政策的效果以及对其潜力的分析。本次问卷调查所选取企业员工数从20人以下的至100人以上，主要为中小企业，有部分大企业；其中，20

人及以下的企业有 100 家，占比为 25.9%；21~50 人的企业有 137 家，占比为 35.5%；101 人以上的较大规模企业有 61 家，占比为 15.8%。

样本企业营收规模梯度分布，营收增长较多。在问卷样本企业中，2016 年企业的营业收入规模从 500 万元以下到 1 亿元以上不等，其中，1001 万 ~2000 万元的企业占比 20.2%；4001 万 ~10000 万元的企业占比为 20.7%；1 亿元以上的企业占比为 7.8%。样本企业近三年的平均利润率主要为 6%~10%，占比为 51.3%；利润率 10% 以上的企业占比为 9.6%。2012 年政府实行简政放权等一系列降低制度性交易成本的政策措施后，企业成本降低，企业 2016 年营业收入相比于 2012 年有大幅提升，有 83% 的企业营业收入增长了 1 倍至 1.5 倍，有 6% 的企业营收增长了 2.5 倍以上。

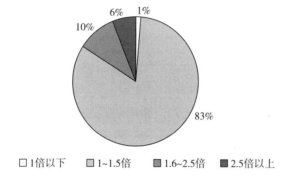

图 6-3　企业 2016 年营业收入较 2012 年增长倍数分布情况

第三节　降低制度性交易成本政策效果与潜力的分析

1. 政府放权与服务效果分析

行政审批事项大幅下降，审批时限缩短，审批效率提高。样本企业每年的行政审批事项数量主要集中在 10~30 件之间，有 329 家企业，占比为 85.2%。自 2012 年以来，政府简政放权后，行政审批事项有大幅下降趋势，其中，平均每年行政审批事项总量数与 2012 年相比大幅下降的企业有 164 家，占比为 42.5%；少量下降的企业占比为 33.2%；只有极少数企业反映行政审批事项数量有小幅上升。从行政审批时长来看，样本企业平均每项行政审批时长为 5~30 个工作日，占比为 64.2%；有 19.2% 的企业平均每项行政审批时长为 30~100 个工作日，审批流程较长、效率较低、时间较长。在政府逐步简化行政审批流程、缩短行政审批时限、提升行政审批效率后，42.5 的样本企业平均每项行政审批时长与 2012 年相比有大幅下降，29.5% 的样本企业少量下降，企业行政审批效率提升显著。从行政审批形式来看，87% 的样本企业行政审批事项发生改变，其中，85.8% 的样本企业行政审批流程从线下审批转换为线上审批，行政审批手续简化，效率提高。

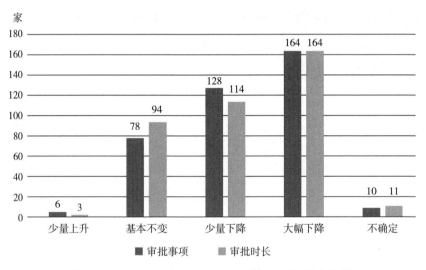

图 6-4　2012 年后样本企业行政审批事项与时长的变化情况

土地审批时限大幅缩短，审批效率提高。因本次问卷企业样本中有 92.5% 属于第二产业，主要包括金属制造业、通用专用设备制造业、交通运输设备制造业等制造业，所以在生产经营中需要占地经营，涉及土地审批。样本企业中有 351 家企业申请了土地审批，占比为 90.9%。2012 年以前，土地审批时限平均为 60~120 天，占比为 44.6%；审批时限为 120 天以上的占比为 31.9%，总体来看，审批时间较长，对企业生产经营产生了一定程度的限制。相较于 2012 年以前，2012 年以后土地审批时限大幅下降，在 30~60 天的占比为 44.8%，在 30 天以下的占比为 16.6%。

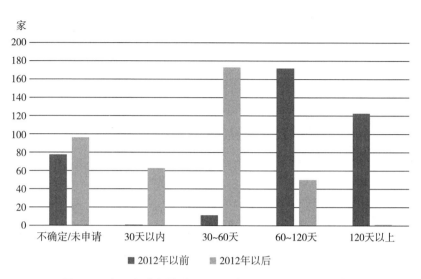

图 6-5 企业土地审批时限平均天数 2012 年前后变化情况

建筑规划与建筑施工审批时限 2012 年后下降明显。样本企业中有 91.2% 需要申请建筑规划与建筑施工审批，2012 年以前，建筑规划与建筑施工审批时限分别平均为 60~120 天和 120 天以上，占比分别为 44% 和 32.4%，总体来看，审批时限较长。而 2012 年以后，建筑规划与建筑施工审批时限大幅下降，30~60 天的占比为 40.7%，30 天以内的占比为 17.4%，审批效率显著提高。

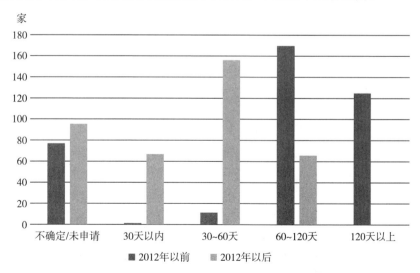

图 6-6 企业建筑规划与建筑施工审批时限 2012 年前后变化情况

安全生产审批时间缩短，审批效率提高。企业生产经营中所需的主要审批

99

还包括安全生产，而安全生产审批平均时限也有较大幅度变化。2012 年以前，安全审批时限主要为 120 天以上，占比为 59.6%，审批时间较长，而 2012 年以后，审批平均时限大幅下降，企业审批平均时限主要为 30~60 天，占比为 46.4%，下降近 3 倍，审批效率有所提高。

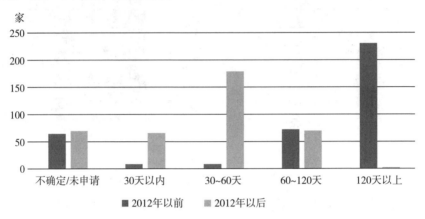

图 6-7　企业安全生产审批时限 2012 年前后变化情况

2. 企业规模对政府放权与服务效果影响分析

营收规模为 4001 万 ~10000 万元的企业行政审批事项和时限下降更明显。企业规模大小对企业审批事项的变化有一定程度的影响。从营业收入规模来看，2012 年以后，营收规模为 4001 万 ~10000 万元的企业行政审批事项大幅下降的情况占比最高，达 26.2%，而在其他营收规模的企业中占比较为均匀。这说明中小型企业对行政审批事项的变化更为敏感，从中受益更多。从行政审批时长来看，企业营收规模对企业行政审批时长变化有影响，与企业行政审批事项大幅减少情况相似，与 2012 年相比，平均每项行政审批时长大幅下降的企业中，企业营收规模为 4001 万 ~10000 万元的企业占比为 22.7%。所有营收规模的企业行政审批时限均大幅下降或少量下降。

各规模企业土地审批时限均有所下降，营收规模为 2001 万 ~10000 万元的企业下降更为明显。在 90.9% 需要土地审批的样本企业中，在 2012 年以前有 31.86% 的企业土地审批时限在 120 天以上，在 2012 年以后只有 1 家企业土地审批时长在 120 天以上，其中，营收规模为 4001 万 ~10000 万元的企业土地审批时限，从 2012 年以前的 60 天以上占比为 87.5% 下降为 2012 年以后的 60 天以

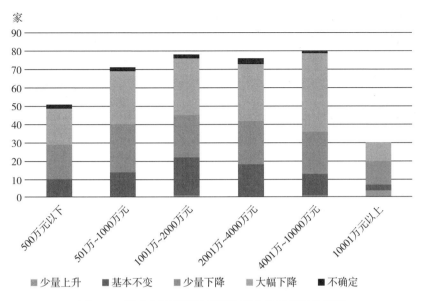

图 6-8　行政审批事项数量变化受企业规模影响情况

下占比为 78.8%，土地审批时限大幅减少。营收规模为 2001 万~4000 万元的企业，2012 年后土地审批时限为 60 天以上的占比从 77.6% 下降为 65.8%。相较于总体行政审批时长下降来看，企业营收规模为 2001 万~10000 万元的企业，土地审批时长下降得更为明显。

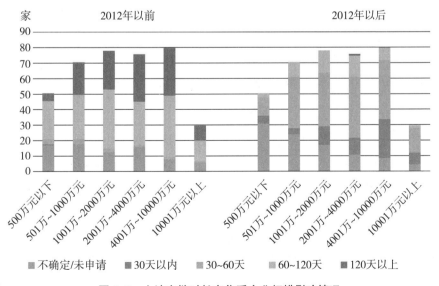

图 6-9　土地审批时长变化受企业规模影响情况

营收规模为 4000 万~10000 万元的企业建筑规划与建筑施工审批时限缩短得更明显。与土地审批时长受企业营收规模影响情况相似，各个规模的企业建筑规划与建筑施工审批时长均有所下降，其中，2012 年以前，营收规模为 2001 万~4000 万元的企业审批时长在 60 天以上的占比为 77.6%，营收规模为 4000 万~10000 万元的企业审批时长在 60 天以上的占比为 87.5%。2012 年以后，营收规模为 2001 万~4000 万元的企业审批时长在 60 天以下的占比为 65.8%，营收规模为 4000 万~10000 万元的企业审批时长在 60 天以下的占比为 73.8%。

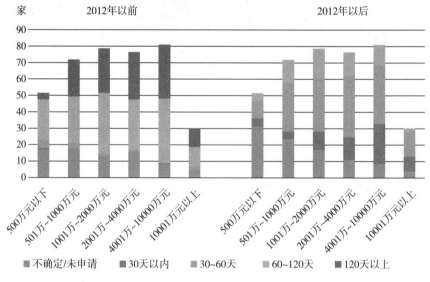

图 6–10　建筑规划与建筑施工审批时长变化受企业规模影响情况

3. 行政事业性收费效果分析

企业评估支出占总成本的比重不高，占比大幅下降。企业的评估支出主要来源于环评、消防、能耗、安全评估检验，占比分别为 28.3%、27.8%、19.1% 和 18.3%。83.7% 的样本企业的评估支出占企业总成本的比重在 2% 以下，15.5% 的样本企业的评估支出占企业总成本的 2%~5%。相较于 2012 年以前，2012 年以后企业的评估支出占总成本的比重变化较大，有 44.6% 的样本企业评估支出占比大幅下降，23.3% 的样本企业评估支出少量下降。其中，27.2% 的样本企业评估支出占总成本的比例下降了 30%~50%。

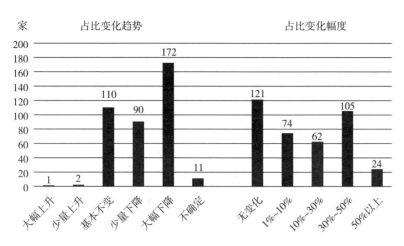

图 6-11 企业评估支出占总成本的比重 2012 年以后变化情况

行政审批类成本占比不高，占总成本的比例下降。85% 的样本企业行政审批类成本占总成本的比例在 2% 以下，14% 的样本企业行政审批类成本占总成本的比例在 2%~5% 之间。而在 2012 年以后，行政审批类成本占总成本的比例，有 47.4% 的样本企业大幅下降，其中，16% 的样本企业下降幅度为 10%~30%，25.1% 的样本企业下降幅度为 30%~50%。

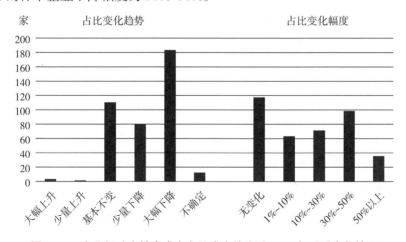

图 6-12 企业行政审批类成本占总成本的比重 2012 年以后变化情况

企业出厂产品检验检疫支出占总成本的比例大幅下降。相比评估支出和行政审批类成本，企业出厂产品检验检疫支出较高，92% 的样本企业产品检验检疫支出占总成本的比例在 5% 以下。相较于 2012 年以前，有 45.6% 的样本企业产品检验检疫支出占总成本的比例大幅下降。从下降幅度来看，有 23.6% 的样本企业产品检验检疫支出占比下降幅度为 30%~50%，有 11.7% 的样本企业下降幅度在 50% 以上。

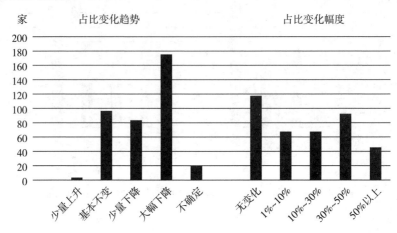

图 6-13　企业出厂产品检验检疫支出占总成本的比重 2012 年以后变化情况

企业每年维护政商关系花费的金额在 2012 年后大幅下降。有 64.5% 的企业每年维护政商关系所花费的金额在 10 万元以内，有 18.1% 的企业花费在 10 万 ~ 30 万元之间。2012 年后，企业维护政商关系的开销有明显下降趋势，大幅下降的样本企业占比达 53.6%，少量下降的占比为 22.8%，其中，有 54.4% 的企业每年维护政商关系所花费的金额下降了 10 万 ~30 万元，30.8% 的企业每年维护政商关系所花费的金额下降了 10 万元以内。

4. 企业规模对行政事业性收费效果影响分析

营收规模为 4001 万 ~10000 万元的样本企业评估支出下降最明显。从企业评估支出来看，企业营收规模为 4001 万 ~10000 万元的样本企业评估支出下降最明显，下降幅度最大，企业评估支出下降 30%~50% 的占该规模样本企业的 40%，有 6 家样本企业下降幅度超过 50%。其次是营收规模为 1001 万 ~2000 万元的企业，有 62.8% 的企业评估支出下降幅度在 1%~50%。而营收规模为 501 万 ~1000 万元的企业中有 42.3% 的企业评估支出下降无变化，相比之下，该规模的企业评估支出下降幅度较小。

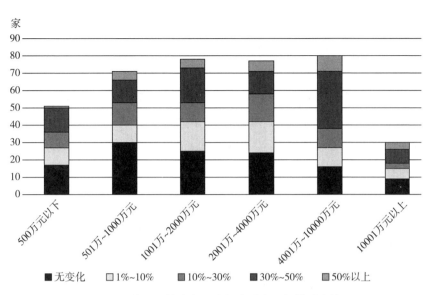

图 6-14 企业评估支出下降幅度受企业规模影响情况

营收规模为 4001 万～10000 万元的企业行政审批类成本下降幅度更大。从行政审批类成本来看，与企业评估支出相似，营收规模为 4001 万～10000 万元的样本企业行政审批类成本下降最明显，企业行政审批类成本下降 30%～50% 的占该规模样本企业的 32.5%，有 9 家样本企业下降幅度超过 50%。营收规模为 1001 万～2000 万元的企业和营收规模为 2001 万～4000 万元的企业行政审批类成本下降分布情况相似，下降 30%～50% 的分别占两种规模企业的 24.4%、27.6%。

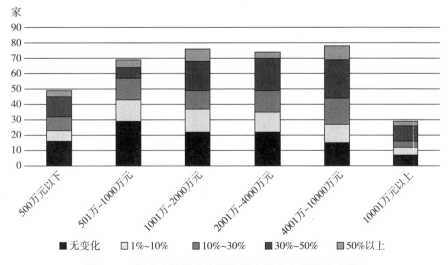

图 6-15 行政审批类成本下降幅度受企业规模影响情况

营收规模在 1 亿元以上的企业出厂产品检验检疫支出下降更明显。从企业出厂产品检验检疫支出来看，营收规模为 4001 万 ~10000 万元的样本企业出厂产品检验检疫支出下降最明显，该规模企业中有 36.7% 的企业下降幅度在 50% 以上，有 30% 的企业下降幅度为 30%~50% 之间。营收规模为 1001 万 ~2000 万元的企业和营收规模为 2001 万 ~4000 万元的企业出厂产品检验检疫支出下降幅度也较大，同时，营收规模在 10001 万元以上的样本企业，出厂产品检验检疫支出下降幅度较大。

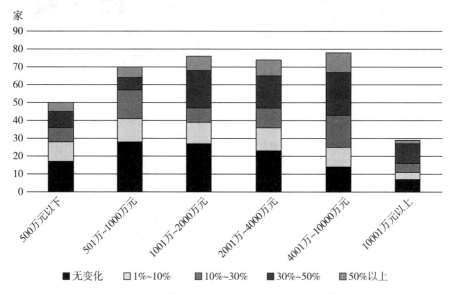

图 6-16　出厂产品检验检疫支出下降幅度受企业规模影响情况

企业规模越大，维护政商关系所花费的金额越大，下降幅度也更明显。从企业每年维护政商关系所花费的金额来看，整体上，各营收规模的样本企业每年维护政商关系所花费的金额均有明显下降。其中，营收规模为 4001 万 ~10000 万元和 1001 万 ~2000 万元的样本企业每年维护政商关系所花费的金额下降明显，分别有 56.4%、58.8% 的企业大幅下降，同时，营收规模在 10001 万元以上的样本企业维护政商关系所花费的金额下降比例也较大，该规模企业中有 56.7% 的企业存在大幅下降。

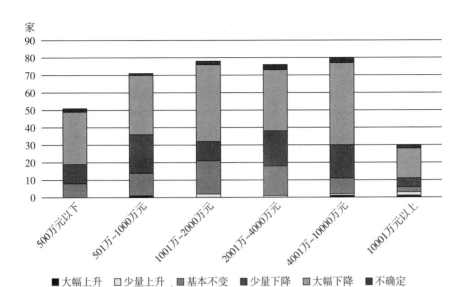

图6-17　企业每年维护政商关系所花费的金额下降幅度受企业规模影响情况

5. 市场环境效果分析

地方保护性限制明显，增加了企业经营成本。从地方保护性限制来看，企业在生产经营中，需要进入其他地区市场，提升市场份额，而大多数地区普遍存在地方保护性限制，65.3%的样本企业在进入其他地区市场时面临当地的地方保护性限制。从样本企业情况来看，地方保护性限制主要为限定性经营（只允许本地企业经营）、设置壁垒（通过强制收费等方式增加经营成本）、行政性垄断、干预执法四个方面，占比分别为23.8%、32.2%、26.3%、17.7%。同时，有93.5%的样本企业在进入其他地区市场时因地方保护壁垒造成的成本增加占总的增加成本的比例在5%以下，而有5.4%的样本企业增加比例为5%~10%。

简政放权后，地方保护性限制减弱。2012年以后，政府简政放权，破除地方保护主义，打破贸易壁垒，进入其他地区市场面临的地方保护性限制与2012年及以前相比大幅减少，其中，44.3%的样本企业认为地方保护性限制大幅减少，22.5%的企业认为地方保护性限制有少量减少。同时，地方保护壁垒造成的成本增加占比与2012年及以前相比也有明显的下降，其中，43.3%的企业反映该比例有大幅下降，13.7%的企业反映该比例有小幅下降。

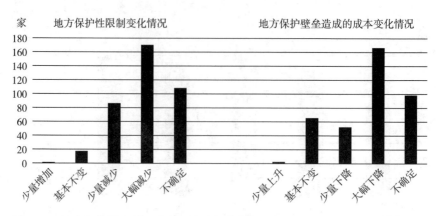

图 6-18　地方保护性限制及地方保护壁垒造成企业成本增加 2012 年以后变化情况

企业知识产权基本得到保护，有待进一步加强。从企业信用水平来看，企业的专利、品牌等知识产权保护是非常重要的外部市场环境，对企业经营有较大影响。从样本企业的反映来看，只有 11.9% 的企业认为企业的知识产权在当地得到完善的保护，69.7% 的企业认为基本得到保护，还有 9.1% 的企业认为基本没有得到保护，所以当地对企业知识产权的保护还需要加以完善。

地方信息系统建设更加完善，企业经营诚信水平提高。在当地信息系统建设方面，86.8% 的样本企业所在的地区都具有公开的企业信用信息系统，信息系统建设较为完善，获取其他企业信用信息的难度与 2012 年相比也有所减缓，其中，42.2% 的企业在获取其他企业信用信息的难度大幅下降，17.9% 的企业有少量减少。当地经营相关的诚信水平与 2012 年相比有所上升，其中，23.3% 的企业认为当地经营相关的诚信水平少量上升。

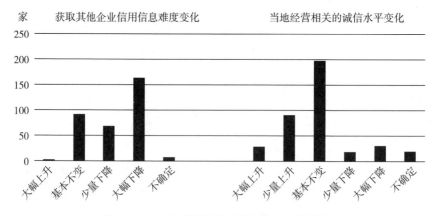

图 6-19　2012 年以后地方信用信息变化情况

企业解决商业纠纷时限缩短，成本减少。企业在遇到商业纠纷时，解决时限较长，从样本企业来看，40.2% 的企业解决商业纠纷时限为 60~120 天，37.8% 的企业解决商业纠纷时限为 30~60 天。而企业解决商业纠纷的成本占总成本的比例基本在 5% 以下，占样本企业的比例达 95.3%。与 2012 年及以前相比，企业解决商业纠纷的时限有明显大幅下降，大幅下降的样本企业占总样本企业的 45.1%；解决商业纠纷的成本也有所减少，有 37.8% 的样本企业解决商业纠纷的成本大幅下降，但也有 26.7% 的样本企业反映解决商业纠纷的成本基本不变。

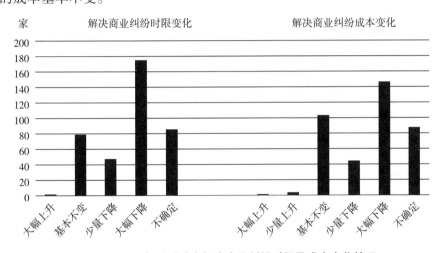

图 6-20　2012 年以后地方解决商业纠纷时限及成本变化情况

6. 企业规模对市场环境效果影响差异

各规模企业受到地方保护性限制普遍减少，营收规模为 2001 万 ~4000 万元的样本企业下降得更为明显。从地方保护性限制来看，各规模的样本企业进入其他地区市场面临的地方保护性限制与 2012 年及以前相比均呈下降趋势，其中，营收规模为 2001 万 ~4000 万元的样本企业下降得更为明显，该规模样本企业地方保护性限制大幅下降占比为 56.6%，而营业收入规模为 1001 万 ~2000 万元及 4001 万 ~10000 万元的企业下降幅度也较大。从进入其他地区市场因地方保护壁垒造成的成本增加占总的增加成本的比例来看，在 5% 以下的企业占各营收规模企业的比例均在 95% 以上。与 2012 年及以前相比，营收规模为 4001 万 ~10000 万元的样本企业因地方保护壁垒造成的成本增加占比大幅下降，大幅下降的企业占总样本企业的 50%，整体来看，各营收规模的企业均有一定比例对该变化不确定。

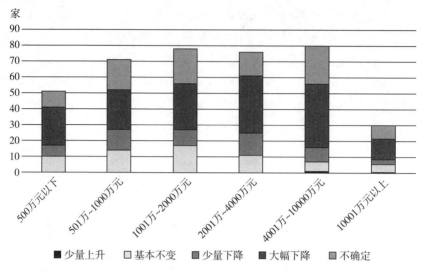

图 6-21　地方保护壁垒造成的成本增加占比受企业规模影响情况

营收规模为 1001 万 ~4000 万元的样本企业知识产权未得到保护的情况较严重。从信息系统建设来看，各营收规模的企业的知识产权在当地都得到了基本的保护，而营收规模为 1001 万 ~4000 万元的样本企业中，有 11.7% 的企业认为知识产权在当地基本没有得到保护。与 2012 年及以前相比，对所有营收规模的

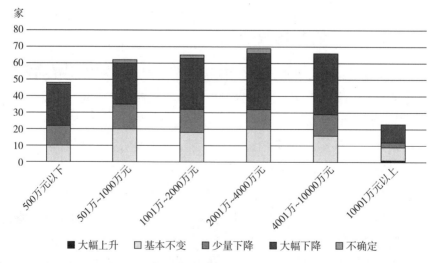

图 6-22　获取其他企业信用信息难度变化程度受企业规模影响情况

企业来讲，获取其他企业信用信息的难度均有大幅下降，大幅下降的企业在各规模企业中均占 50% 及以上。

营收规模为 4001 万 ~10000 万元的样本企业商业纠纷下降更多。从商业纠纷解决来看，各营收规模的企业在遇到商业纠纷时，解决纠纷的时限均在 30~120 天之间，商业纠纷解决成本占总成本的比例也均在 5% 以下。与 2012 年及以前相比，各营收规模的样本企业遇到商业纠纷时，解决纠纷的时间均有大幅下降，其中，营收规模为 4001 万 ~10000 万元的样本企业中，有 46.3% 的企业大幅下降；而营业规模为 1001 万 ~2000 万元的样本企业中，有 39.7% 的企业解决商业纠纷的成本在 2012 年后基本不变。

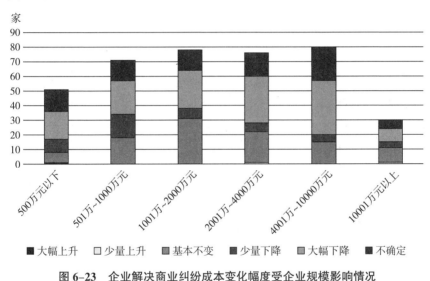

图 6-23　企业解决商业纠纷成本变化幅度受企业规模影响情况

第四节　空间视域下的降低制度性交易成本政策效果分析

1. 各地区政府放权与服务效果分析

各地区企业营收增长明显，东部地区营收大幅增长企业比例较高。各地区的大部分企业 2016 年营业收入是 2012 年营业收入的 1~1.5 倍，东部地区和西部地区企业近三年的平均利润大部分在 6%~10% 之间，中部地区和东北地区近三年的平均利润率在5%以下和6%~10%之间的占比大致相同，除东部地区以外，其他地区企业近三年平均利润率在10%以上的企业占比很少。

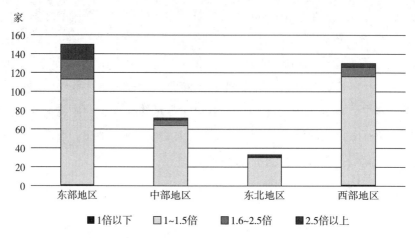

图 6-24　各地区企业 2016 年营业收入较 2012 年变化情况

各地区企业行政审批事项数量差异较小，而企业所属地区对企业行政审批事项的数量变化有一定程度的影响。各地区的大部分企业每年行政审批事项数量都在 10~30 件之间，相较于 2012 年东部地区和中部地区企业行政审批事项数量下降明显。其中，西部地区行政审批事项数量在 10~30 件之间的企业家数占比最高，达到 91.54%。相比于 2012 年，60% 的东部地区企业和 43% 的中部地区企业行政审批时长大幅下降，52% 的东北地区企业和 40% 的西部地区企业行政审批时长小幅下降。

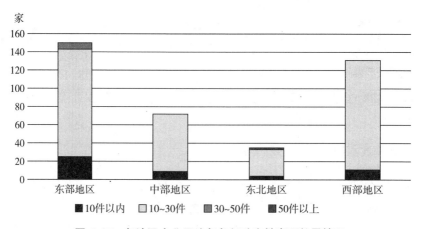

图 6-25　各地区企业平均每年行政审批事项数量情况

西部地区企业的行政审批时长较长，东部地区企业的行政审批时长下降明显。西部地区企业的行政审批时长较长，且较 2012 年变化不明显。不同地区企业的行政审批事项的平均时长有一定差异，其中东部地区、中部地区和东北地区企业行政审批时长为 5~30 个工作日的比例较大，西部地区行政审批时长为 5~30 个工作日以及 30~100 个工作日的比例大致相当。相比于 2012 年，60% 的东部地区企业和 42% 的中部地区企业行政审批时长大幅下降，44% 的东北地区企业行政审批时长小幅下降，41% 的西部地区企业行政审批时长基本不变。

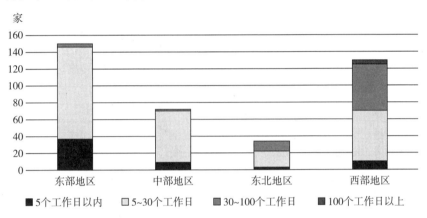

图 6-26　各地区企业平均每年行政审批时长情况

西部地区土地审批时限较长，而东部地区土地审批时限下降幅度最大。从土地审批时限来看，2012 年以前，西部地区土地审批时限在 120 天以上的样本企业占比达 41.5%，60~120 天的占比为 54.4%，整体土地审批时限较长。

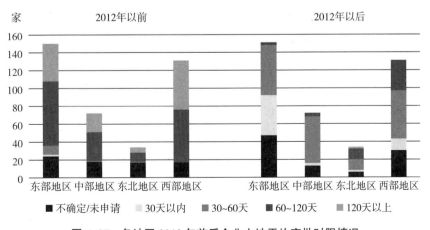

图 6-27　各地区 2012 年前后企业土地平均审批时限情况

113

2012 年以后，东部地区土地平均审批时限大幅下降，从 60 天以上为主变为以 60 天以下为主，土地审批时限在 30 天以内的样本企业占东部地区企业总样本的 30%。中部地区与东北地区也有大幅下降。

东部地区企业建筑规划与建筑施工平均审批时限下降幅度较大。2012 年以前，各地区企业建筑规划与建筑施工平均审批时限主要为 60 天以上，审批时限较长，东部地区审批时限在 60 天以上的企业占比为 76%，西部地区审批时限在 60 天以上的企业占比为 86.9%。2012 年以后，整体建筑规划与建筑施工平均审批时限大幅下降，东部地区下降更明显，审批时限在 30 天以内的企业占比为 30.6%，但也有 33% 的样本企业对审批时限变化不确定。

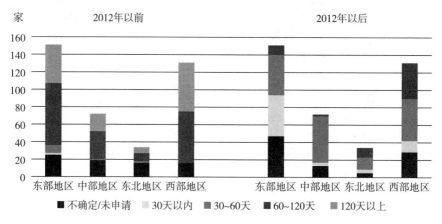

图 6-28　各地区 2012 年前后企业建筑规划与建筑施工平均审批时限情况

2. 各地区行政事业性收费效果分析

西部地区企业评估支出占比较高，东部地区企业评估支出下降明显。从各地区企业评估支出（如环保类缴费、消防安全评估等）占总成本的比例来看，大部分企业在 2% 以下，小部分企业在 2%~5% 之间，从地区差异来看，中部地区平均评估支出最少，西部地区平均评估支出在 2%~5% 之间的企业占比较其他地区而言较高，达到 30% 以上。相比于 2012 年以前，56% 的东部地区企业和 56% 的中部地区企业表示，2012 年以后评估支出占比大幅下降，68% 的东北地区企业表示评估支出占比小幅下降，44% 的西部地区企业表示评估支出占比基本不变。

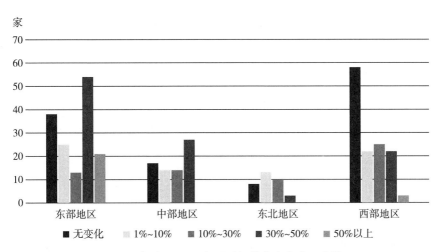

图 6-29　各地区 2012 年以后评估支出占比下降情况

东部地区行政审批类支出占总成本的比例下降幅度较大，西部地区无变化占比较高。从各地区企业行政审批类支出占总成本的比例来看，整体情况与评估支出占比类似，西部地区行政审批类支出在 2%~5% 之间的企业占比较其他地区而言较高，达到 30% 以上。相比于 2012 年以前，61% 的东部地区企业和 54% 的中部地区企业表示，2012 年以后行政审批类支出占比大幅下降，47% 的东北地区企业表示行政审批类支出占比小幅下降，42% 的西部地区企业表示行政审批类支出占比基本不变。

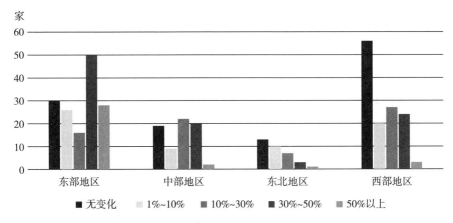

图 6-30　各地区 2012 年以后行政审批类支出占总成本的比例下降情况

西部地区企业检验检疫支出占比稍高，东部地区下降程度较高。各地区企业检验检疫支出占总成本的比例大致相同，90% 左右的企业检验检疫支出占比在 5% 以下，西部地区企业检验检疫支出占比为 5%~10% 之间的比例稍高，超过 10%。相比于 2012 年以前，57% 的东部地区企业和 54% 的中部地区企业表示，2012 年以后企业检验检疫支出占比大幅下降，东北地区表示检验检疫支出占比小幅下降和基本不变的企业占比均为 35%，39% 的西部地区企业表示检验检疫支出占比基本不变。

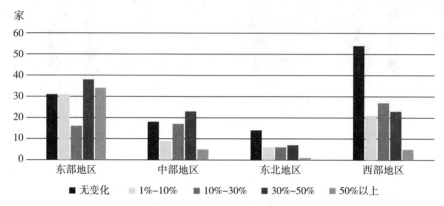

图 6-31 各地区 2012 年以后检验检疫支出占总成本的比例下降情况

各地区维护政商关系的花费均有所下降，东北地区花费下降企业比例较高。东部地区、中部地区、西部地区企业维护政商关系花费在 10 万元以内的比例较高，而东北地区企业维护政商关系花费在 10 万 ~30 万元的达到 60%。相比于 2012 年以前，64% 的东部地区企业和 67% 的中部地区企业表示，2012 年以后维护政商关系的花费大幅下降，59% 的东北地区企业表示维护政商关系的花费小幅下降，45% 的西部地区企业表示维护政商关系的花费基本不变。

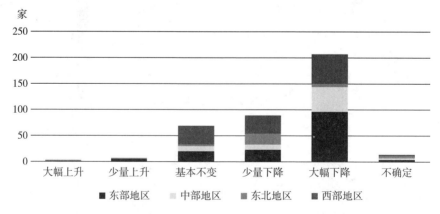

图 6-32 各地区 2012 年以后维护政商关系花费变化情况

3.各地区市场环境效果分析

东部地区因地方保护壁垒造成的成本增加占比大幅下降。在进入其他地区市场时，各地区因地方保护壁垒造成的成本增加占总的增加成本的比例差异较小，其中东部地区和西部地区因地方保护壁垒造成的成本增加占比高于5%的企业比例接近10%，略高于中部地区和东北地区。相比于2012年以前，55%的东部地区企业和53%的中部地区企业表示，2012年以后因地方保护壁垒造成的成本增加占比大幅下降，35%的东北地区企业表示因地方保护壁垒造成的成本增加占比小幅下降，30%的西部地区企业表示因地方保护壁垒造成的成本增加占比基本不变。

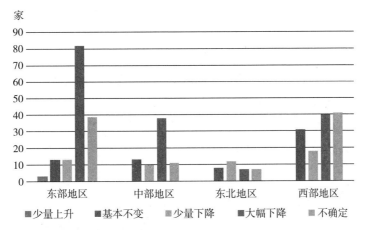

图 6-33　各地区因地方保护壁垒造成的成本增加占比 2012 年以后变化情况

东部地区知识产权保护情况较好，东北地区和西部地区知识产权保护情况较差。其中19%的东部地区企业认为自身具有知识产权的专利产品与品牌在当地受到完善的保护，73%的东部地区企业认为基本得到保护，而30%左右的东北地区企业和西部地区企业认为自身知识产权基本没有保护或不确定是否得到保护。可以看出，我国东部地区和中部地区知识产权保护情况较好。

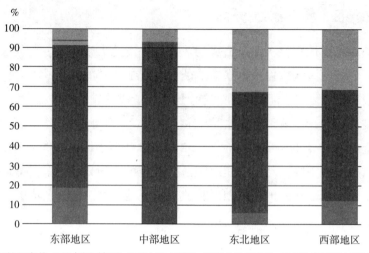

%

图 6-34　各地区知识产权保护情况

■保护很完善 ■基本得到保护 ■基本没有保护 ■完全没有保护 ■不确定是否有保护

　　各地区相较于 2012 年经营相关的诚信水平变化情况差异较大。东部地区和东北地区企业经营相关的诚信水平提升较大，有 40% 左右的企业认为当地经营诚信水平大幅上升或少量上升；中部地区相比于其他地区企业经营相关的诚信水平大幅下降的比例较高，达到 24%；西部地区 72% 的企业认为当地经营诚信情况基本不变。

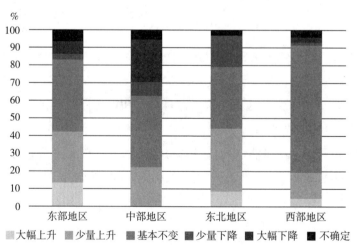

%

■大幅上升 ■少量上升 ■基本不变 ■少量下降 ■大幅下降 ■不确定

图 6-35　各地区相较于 2012 年经营相关的诚信水平变化情况

中部地区企业解决商业纠纷的时限较长，东北地区企业解决商业纠纷的时限较短。仅有 40% 左右的中部地区企业解决商业纠纷的时限低于 60 天；70%以上的东北地区企业解决商业纠纷的时限低于 60 天；60% 左右的西部地区企业和东部地区企业解决商业纠纷的时限低于 60 天。这表明中部地区企业商业纠纷给企业带来的时间成本明显较高，而各地区解决商业纠纷的成本占到总成本的比例大多低于 5%。

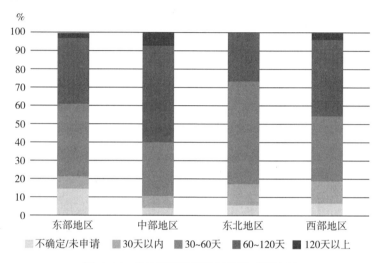

图 6-36　各地区解决商业纠纷的时限情况

第五节　异质性行业降低制度性交易成本政策效果分析

1. 分行业政府放权与服务效果分析

从不同行业的行政审批事项数量和时长占比情况可以看出，在第一、第二、第三产业中，第二产业无论从行政审批事项数量和行政审批时长来看都高于第一、第三产业。第二产业中企业行政审批事项数量在 10~30 件、行政审批时长在 5~30 个工作日之间的占比最高。第二产业 42% 的企业表示，相比于 2012 年，行政审批事项数量和时长均大幅下降。

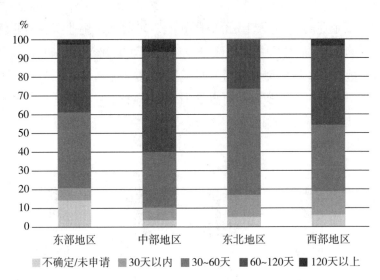

图6-37　各行业企业平均行政审批事项数量情况

从第二产业内部来看，大部分行业行政审批事项数量都在10~30件之间，其中金属制造业、交通运输设备制造业和化学化工橡胶与塑料制造业平均行政审批事项数量较多，烟草制造业、非金属矿物制造业和造纸印刷与文教体育用品制造业的平均行政审批事项数量较少。

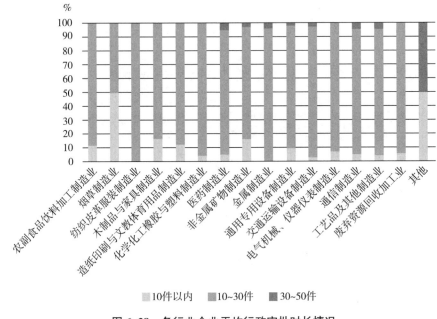

图6-38　各行业企业平均行政审批时长情况

2012 年前后，各行业行政审批事项数量变化程度不同，大部分行业行政审批事项数量都出现了下降。其中，通信制造业、纺织皮革服装制造业和通用专用设备制造业等行业的行政审批事项数量大幅下降比例较高。

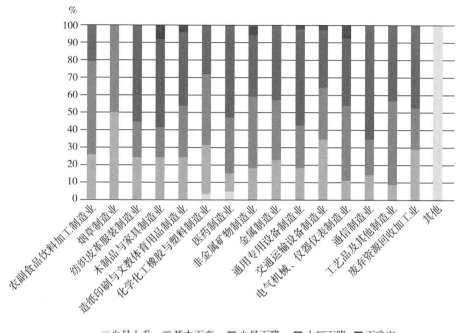

图 6-39　各行业 2012 年前后行政审批事项数量变化情况

2. 分行业行政事业性收费效果分析

农副食品饮料加工制造业评估支出占比较高。各行业大部分企业评估支出占比都在 2% 以下，其中，烟草行业所有企业评估支出占比均小于 2%，而农副食品饮料加工制造业评估支出占比在 2%~5% 之间的企业比例远高于其他行业，达到 40% 以上，此外，医药制造业评估支出占比高于 2% 的企业比例接近 30%。

各行业行政审批类支出均较低，占总成本的比例较小。各行业行政审批类支出占比均在 2% 以下，而医药行业相对较为特殊，其行政审批类项目多，流程较复杂，时限较长，所以审批所需费用也较高，医药制造业中有一部分企业的行政审批类支出在 10% 以上，木制品与家具制造业、非金属矿物制造业也有一

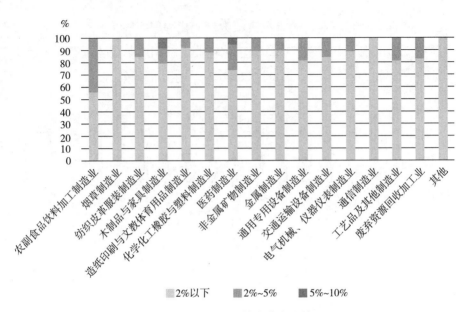

图6-40 各行业评估支出占比情况

部分企业的行政审批类支出占比为5%~10%，同时，相比来看，农副食品饮料加工制造业的行政审批类支出也较高。

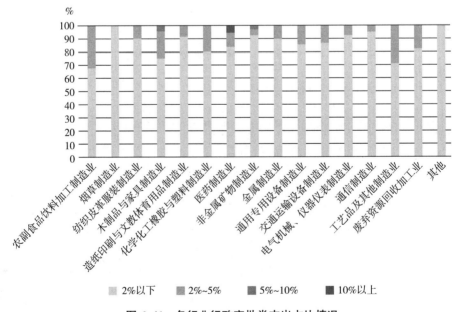

图6-41 各行业行政审批类支出占比情况

各行业检验检疫支出占比均在 5% 以下。各行业检验检疫支出，与各行业行政审批类支出占比变化情况相似，医药制造业中有一部分企业的检验检疫支出占总成本的比例在 20% 以上，因为医院在检验检疫方面要求较高，流程较多。同样，农副食品饮料加工制造业中有一部分企业的检验检疫成本也较高，占总成本的比例为 5%~10%。

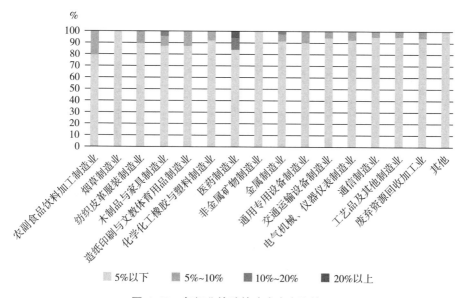

图 6-42　各行业检验检疫支出占比情况

3. 分行业市场环境效果分析

医药制造业与化学化工橡胶与塑料制造业维护政商关系花费较高，纺织皮革服装制造业维护政商关系花费较低。在所有行业中，维护政商关系花费在 10 万元以内的比例最高，化学化工橡胶与塑料制造业、通用专用设备制造业、交通运输设备制造业、工艺品及其他制造业中有少量企业维护政商关系的花费在 30 万 ~100 万元，其他行业维护政商关系的花费均在 30 万元以下。

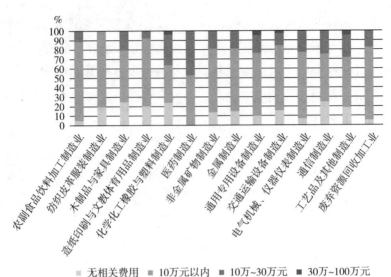

图 6-43　企业维护政商关系花费情况

相比 2012 年，各行业大部分企业进入市场时面临的地方保护性限制均有所减少。其中，废弃资源回收加工业地方保护性限制少量减少的企业占比最大，其他行业地方保护性限制大幅减少的企业所占比例较大，其中，纺织皮革服装制造业、化学化工橡胶与塑料制造业、通用专用设备制造业和通信制造业地

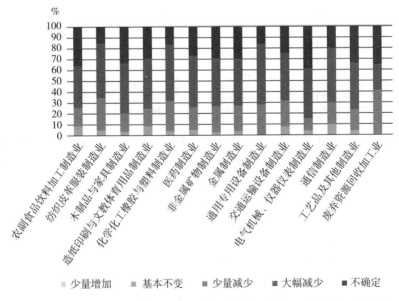

图 6-44　企业进入其他地区市场面临的地方保护性限制与 2012 年相比的变化情况

方保护性限制减少较多。

相比于 2012 年，纺织皮革服装制造业、造纸印刷与文教体育用品制造业和医药制造业的经营相关的诚信水平上升比例较大。农副食品饮料加工制造业、木制品与家具制造业和金属制造业的经营相关的诚信水平基本不变和下降的比例较大。总体来看，各行业经营相关的诚信水平下降幅度大于上升幅度。

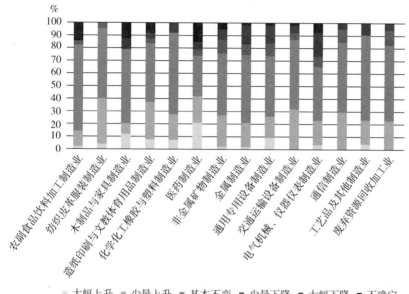

图 6-45 企业经营相关的诚信水平与 2012 年相比的变化情况

医药制造业企业解决商业纠纷的时限较短，30 天以内解决商业纠纷的企业占比达到 35% 以上，化学化工橡胶与塑料制造业解决商业纠纷的时限较长，30 天内解决商业纠纷的企业占比仅有 10% 左右，60~120 天以内解决商业纠纷的企业占比达到 60% 左右。通信制造业解决商业纠纷时长在 60 天以下的企业占比在所有行业中最高，非金属矿物制造业解决商业纠纷时长在 120 天以上的企业占比最高，整体来看，大部分行业的企业解决商业纠纷的时长都在 30~120 天。

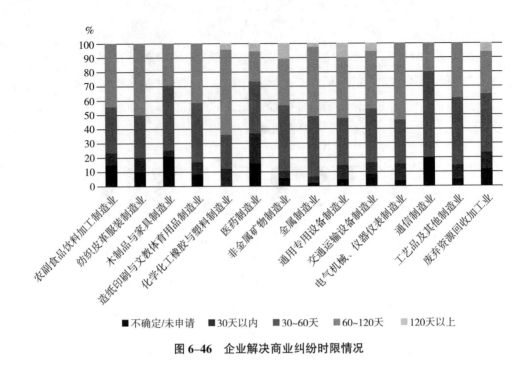

图 6-46　企业解决商业纠纷时限情况

第六节　降低制度性交易成本政策效果潜在情况分析

1. 降低制度性交易成本政策总体效果显著

自 2015 年 12 月中央经济工作会议首次提出"要降低制度性交易成本，转变政府职能、简政放权，进一步清理规范中介服务"以来，中央及地方政府颁布了多项政策，坚决把不该管的事项交给市场，最大限度地减少对资源的直接配置，审批事项应减尽减，确需审批的要简化流程和环节，让企业多用时间跑市场、少费功夫跑审批。推动"非禁即入"落到实处、克服"准入不准营"现象、建立政务服务"好差评"制度等多项措施的实施。我国降低制度性交易成本的实践已取得了明显成效并积累了丰富经验。从降低企业成本扩展到降低社会成本，从稳增长扩展到增强人民的获得感，从调结构到实现共享发展，其运行机理符合推进供给侧结构性改革的实际，其实践方式为世界经济走出低迷贡献了中国智慧。

行政审批制度是政府干预企业经营决策的一种方式，企业在进出市场或采取其他经营活动前，须征得相关主管部门同意。推动降低制度性交易成本以来，行政审批事项大幅下降，土地审批时限大幅缩短，建筑规划与建筑施工审批时限在 2012 年后下降明显，审批时限缩短，审批效率提高；企业评估支出成本、行政审批类成本、出厂产品检验检疫支出成本、维护政商关系花费金额都有大幅下降；地方保护性限制减弱、知识产权得到有效保护、地方信息系统建设更完善、企业经营诚信水平提高、解决商业纠纷时限缩短。本书接下来从以下四个方面阐述降低企业制度性交易成本的方法。

一是提高经营效率。在改革过程中，政府取消了部分行政审批事项，缩小了行政力量对于企业经营活动的干预规模，减轻了政府对企业经营决策的干预力度，企业可以依据自身情况和市场环境作出相应决策，避免行政因素扭曲市场机制，进而降低行政审批制度性交易成本。二是降低时间成本。通过转化部分事前审批为事后审批，让企业经营者更好地把握市场机遇，在更为恰当的时机作出经营决策，进而降低制度性机会成本。三是减少资金成本。行政审批制度改革取消了部分收费项目，同时将部分收费项目变为免费项目，减少了企业在行政审批相关事项上的资金投入。四是促进市场竞争，该改革减少了企业进入市场的成本，降低了市场准入门槛，有效地促进了企业的进入与成长。

2. 降低制度性交易成本政策效果存在地区差异

政府实行简政放权等一系列降低制度性交易成本的政策措施后，企业成本有所降低，企业 2016 年营业收入相比于 2012 年有大幅提升，有 82.9% 的企业营业收入增长了 1~1.5 倍。但分地区来看，各个地区在制度性交易成本下降方面存在地区差异。东部地区政府放权与服务效果更好，其行政审批事项下降更明显，行政审批时长大幅下降；西部地区土地审批时限较长，而东部地区土地审批时限下降幅度最大；东部地区企业建筑规划与建筑施工平均审批时限下降幅度较大。从行政事业性收费来看，西部地区企业评估支出、企业检验检疫支出占比较高，而且 2012 年以后西部地区行政审批类支出占总成本的比例无变化的企业占比较高，45% 的西部地区企业表示维护政商关系的花费基本不变。从市场环境效果分析来看，东部地区因地方保护壁垒造成的成本增加占比大幅下降，且东部地区知识产权保护情况较好，而东北地区和西部地区知识产权保护情况较差，西部地区 72% 的企业认为当地经营诚信情况基本不变。所以，总体来看，降低制度性交易成本政策在东部地区的效果更加显著，企业的成本下降更明显，而西部地区降低制度性交易成本政策效果欠佳。导致差异形成的原因可能是：第一，在经济基础上，全国各地的经济基础本身存在差异，东部地区经济发展更早，而西部地区经济发展更快，企业的成熟度存在差异，导致对政策的敏感度不同。第二，西部地区经济处于快速发展过程中，促进企业成长的一系列措施一直处于探索之中，未能完全适应爆发式增长的各类大中小型企业。第三，西部地区的政策力度不够，在政策实施落地的过程中所受到的阻力更大，导致政策的效果欠佳。

3. 降低制度性交易成本政策效果存在行业差异

样本企业包括了一产、二产、三产，总体的制度性交易成本均有所下降，且效果显著，而各个产业以及产业内的各个行业的制度性交易成本变化存在差异性。从政府放权与服务效果来看，第二产业从行政审批事项数量和行政审批时长来看都高于第一、第三产业，而通信制造业、纺织皮革服装制造业和通用专用设备制造业等行业的行政审批事项数量大幅下降比例更高。从行政事业性收费来看，农副食品饮料加工制造业评估支出占比较高，同时，因为其涉及的安全问题较多，所以检验检疫成本较高，占总成本的比例为 5%~10%。从市场环境效果来看，医药制造业、化学化工橡胶与塑料制造业维护政商关系花费高，纺织皮革服装制造业维护政商关系花费较低，相比于 2012 年，纺织皮革服装制造业、造纸印刷与文教体育用品制造业和医药制造业经营相关的诚信水平上升比例较大。制度性交易成本呈现行业差异主要是由行业本身性质存在的差异性导致的，行业性质不同，所花费的成本不同，比如上游研发类企业，对专利等知识产权得到保护的要求较高，所以对市场环境方面的制度性交易成本更为敏感；而下游面向市场的行业则对行政事业性收费、维护政商关系、解决商业纠纷等更加敏感。像国有类的烟草企业等，所面对的市场竞争少，面临的制度性交易成本主要在各类行政审批事项、评估支出等方面，同样，医药制造业相对较为特殊，其行政审批类项目多，流程较复杂，时限较长，所以审批所需费用也较高。因此，在制定相应的降低制度性交易成本的政策时，需要更多地结合行业特性，考虑行业所面临的最重要的制度性交易成本，以便能够达到对症下

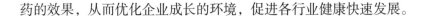

药的效果，从而优化企业成长的环境，促进各行业健康快速发展。

4.政府信息化建设对降低制度性交易成本的影响分析

在政府信息化建设的过程中，由于缺乏统一的规划与安排，各部门业务系统基本上是独立存在而不互通的，"信息孤岛"现象普遍存在，同时，数据采集方式单一且缺乏统一的标准，所储存的数据可用性低，日常维护数据所需工作量大，这些都阻碍了信息系统有效发挥其作用。政府信息化是社会发展的必然要求。随着信息技术的运用不断加强，网上审批效率不断提高，政府部门在电子化办公方面不断强化。在目前无论是政府机构还是企业事业单位都在大力推行改革的背景下，办公自动化对提高各单位各部门的办公效率，优化决策的科学性、正确性，提升综合管理水平和核心竞争力都有着十分重要的意义。从样本企业来看，目前，许多审批流程从线下转成线上，提交一次就能全部审批，极大地节省了审批时间，提高了审批效率。同时，行政办公一站式服务等手续办理效率较高，极大地提高了服务效率。但在政府信息化建设中还存在诸多问题，比如各部门业务应用整合力度不足、数据资源管理及利用能力水平不足、协同联动水平不足，所以政府信息化建设还需进一步加强。

加强电子政务的信息化建设，有利于为政府管理工作助力。具体优势如下：一是提高政府管理效率。我国进入新时代以来，要求各机关部门尽量实现透明化管理，将政务服务内容与效果公开于民众，并借助互联网技术全面提升政府工作人员的办公效率，旨在为公众提供高质量的服务。[①]二是整合政务信息资源。在加强电子政务信息化建设时需对政务信息资源进行有效整合，信息资源包括传统业务资源与新型数据资源等，通过在互联网平台上选择合适有效的计算机软件，改善政府服务现状。三是增强城区竞争优势。以往各城区竞争主要依靠的是地理特征、产业资源，而今在建设信息化电子政务后可有效增强城区之间的竞争，使其转化为信息技术竞争和人才竞争。在政府管理工作中更加全面地了解城区人才分布特点，有针对性地展开管理活动，为城区经济的发展创造有利条件，更有利于政府部门在民众面前树立良好的形象。

---

① 江小涓.大数据时代的政府管理与服务：提升能力及应对挑战［J］.中国行政管理，2018（9）:6-11.

第七节　降低制度性交易成本的诉求分析

1.厘清政企关系边界，消除隐性制度性交易成本

维持良好的政企关系是市场经济下企业生存和发展的重要基础。党的十八届三中全会以来，随着全面深化改革的不断推进，中国的政企关系获得极大提升，但由于政企关系界限不够清晰导致企业隐性制度性交易成本依然存在，权力运行与企业发展之间的矛盾依然存在。企业在生产经营的各个环节都需要遵循政府制定的各项规章制度，而政企关系界限和角色定位与划分不清则导致企业在就经营业务与政府接触时可能会出现"卡脖子"现象。为疏通政企关系，企业有时需要在显性制度性交易成本以外支出一定的隐性制度性交易成本，以化解"卡脖子"现象。[①] 随着中国反腐力度的加大，在政企关系中还出现了某种极端现象，即政府官员为避权钱交易或官商勾结之嫌而在处理企业的正常业务时不作为或不积极作为，使得企业在协调政企关系时出现"好进门，难办事"的情形。另外，我国规范企业发展的法律法规中存在一定的约束弹性，也为政府在处理相关问题时留出了一定的附加隐性制度性交易成本的缝隙。比如，对于同类环境污染事件，处罚额度存在一定区间。如此一来，企业可能会在显性制度性交易成本外支出一定数额的隐性制度性交易成本来维持与政府的良好关系。

2.确保政府权力下放力度，防止制度性交易成本反弹

简政放权是降低制度性交易成本的基本方式之一，但在政府权力的下放过程中，却遇到了一定的阻力。企业成本压力的出现主要来自政府权力的过度集中和空转。因而，将权力下放给企业或其他经营性组织，并削减没有必要存在的空转性制度权力，成为降低企业制度性交易成本的关键内容。[②] 但是，政府权力下放看似简单，但在实际执行中却容易遇阻。比如，政府为降低企业的制度性交易成本，出台了一系列简政放权的政策举措，但这些政策在基层却难以落实。上层机构简政放权和基层政府不愿放权导致降低企业制度性交易成本出现"两

---

① 吴子熙.中国制度性交易成本降低的路径研究［J］.云南社会科学，2019（3）:83–88.
② 常耀中.企业制度性交易成本的内涵与实证分析［J］.现代经济探讨，2018（6）.

张皮"情形：一些政府权力下放后，地方政府却进行权力的干预或截留，导致为降低企业制度性交易成本而出台的利好政策形同虚设。另外，政府权力下放后，也在一定程度上存在基层政府"接不住"或"不想接"的问题。[①] 这种现象出现的主要原因是基层政府人员不足、业务素质不高等，如中央政府将一些涉及企业发展的审批权下放后，基层政府因业务生疏或人员不足而出现审批效率低下的现象，这便是典型的"接不住"。

3. 加大企业减税降费力度，进一步压缩减税降费空间

税和费是企业制度性交易成本的重要组成部分，其中，税是指企业因生产经营而需要缴纳的营业税、增值税和所得税等税款，而费则是指在企业生产经营过程中因使用政府垄断性资源而需要支付的相关费用，如电费、气费、水费等。显然，对于企业来说，税费支出占据了成本的一定比重，对于某些特殊企业来说，税费支出占成本的比重可能会较高，如对电有严重依赖性的企业，电费支出就占据其成本的较高份额。因而，降低税费是降低企业制度性交易成本的重要内容。为此，中国实行"营改增"改革，大幅降低了企业的税务负担。但是，企业减税降费依然存在较大的改进空间，诸如回溯性收税、过头税以及为完成所谓的税收指标而以各种名目征收的税都属于可以降低的制度性交易成本。[②]

4. 完善评估机制，公开检测标准，严格收费管理

为保障企业安全生产、环保达标和产品质量合格，政府相关管理部门会对企业进行定期或不定期的达标性评估检测，这本是正常的管理行为，但在实际操作中却成为某些地方政府趁机向企业收取额外费用的渠道。对于一些企业来说，为迎接某项评估检测，需要做大量的前期工作，为达到标准需要疏通关系而支出的费用则可能更多。实际上，评估检测本来无可厚非，而之所以给企业造成不合理的制度性交易成本，主要是因为在实际操作中存在以下几个问题：第一，评估检测种类繁多，检测项目设置不尽合理。[③] 国内的项目评估、产品认

---

① 李克强.简政放权放管结合优化服务深化行政体制改革切实转变政府职能［N］.人民日报，2015-05-15.
② 本报评论员.降低企业税负需要一场全局性的税制结构改革［N］.中国经营报，2016-03-07.
③ 陈炳才.行政审批并非简单的权力下放［J］.行政管理改革，2014（12）.

证和设备检测种类繁多，且收费普遍较高。企业在正式运营前，安全、消防、土地、环保、质检、卫生等方面都需要进行全面的评估检测，同时还要定期接受相关部门的例行性达标检测。第二，评估检测中参与的第三方机构不仅没有完全做到客观公正，反而成为加重企业负担的推手。一些第三方评估检测机构与地方政府相关管理部门暗中配合，使得企业在评估检测中为达标而不得不支付一定的额外费用。地方政府和第三方机构通过垄断认证、审批、评估等权限而控制行业和资源，导致市场缺乏活力，制约了相关产业发展与升级。第三，评估检测流于形式，重复进行。比如，在企业设备的评估检测中，省里评估的结果拿到市里和县上不予认可，需要再次评估；省内的检测到外省便不予认可，也需要重新评估。甚至存在一些评估检测机构工作人员到企业检测时不带任何专业设备的现象，导致此类评估流于形式，难以起到规范企业发展的实际作用。

第八节　关于对企业进行问卷调查过程中存在的不足的分析

首先，样本企业的产业门类和数量仍需进一步扩充。本次问卷调查的目的主要是反映自2012年政府简政放权以来制度性交易成本的变化情况，问卷希望从企业的角度来进行评测，但在全国众多的企业中所选取的样本企业有限，不能够全面、精准地反映出制度性交易成本的变化情况。

其次，样本企业主要来源于第二产业，但目前中国第三产业快速发展，服务业企业数量大幅上升，所以问卷需要吸纳更多服务业企业，从而更加全面地反映出制度性交易成本变化的整体情况。

最后，问卷调查数据仍需进一步细化。问卷主要涉及行政事业性收费、简政放权与加强政府服务、市场环境优化三大方面，但制度性交易成本所涉及的内容颇多，还有许多隐性成本项没能在问卷中充分体现出来，所以问卷中的相关量化指标需要进一步细化，从而更好地度量制度性交易成本的变化情况。

与此同时，问卷设计了相关指标来反映企业行政事业性收费、简政放权与加强政府服务、市场环境优化变化，但这些具体指标的变化会受到各方面的影响，比如市场经济环境等，所以需要控制其他变量，才能更加精确地反映出制度性交易成本的变化及趋势。

第七章　进一步降低制度性交易成本的政策建议

第一节　基于问卷调查的视角：抓好政策落实，压实履职责任

1. 着力提升政府公信力，打造公平有序的政府服务环境

大力推进社会信用体系建设。提升政府公信力，弘扬诚信文化，构建守信激励和失信惩戒机制，加大对侵犯知识产权、制假售假、商业欺诈、逃债骗贷等不诚信行为的打击力度。坚定不移地推行"权力清单""责任清单""负面清单"制度，有效管住权力任性，打破寻租腐败"潜规则"，防止不作为、乱作为等现象的发生，降低企业与政府交往中的不确定性，减少企业隐性成本。

建设法治政府。运用法治思维和法治方式，解决改革发展中遇到的热点和难点问题。健全依法决策机制，提高决策的科学化、民主化、法制化水平，减少企业不必要的制度性交易成本与隐性成本。

完善公共服务体系。努力提高政府部门的服务质量，让改革发展成果更多更公平地惠及全体人民。创新服务方式，全面推行"一个窗口受理、一站式办理、一条龙服务"。大力推动智慧城市建设，推行大数据分析，建立政务超市，实行网上办事，促进信息互联互通，有效提升管理水平，方便群众和企业办事。

2. 推行综合政务，加强部门间的协调联动

加快政府职能转变。进一步厘清政府与市场、政府与社会以及政府层级之间、政府各部门之间的关系，切实解决政府职能的错位、越位、缺位等问题。加快公共资源交易平台建设，稳步推进政府购买服务试点，积极探索公共事务社会化管理。坚决整肃庸政懒政怠政行为，加强政府治理能力建设，提高政府部门

的办事效率。

建立更为密切更为紧密的工作机制。凝聚政府管理资源，调动企业积极性，形成内外合力、上下合力，在顶层设计上突出协调推进，对"三去一降一补"五大任务加以整体把握，依靠整体协调机制，减少降成本过程中的零和博弈，从全社会角度实现企业降成本。积极推进整体协调工作机制，实现政府与企业之间、中央与地方之间、部门与部门之间的联动循环，推动实体经济企业降成本，激发各参与主体降成本的内生动力。在落实政策的"最后一公里"时，市县级地方政府可通过建立跨部门内部协调机制，整合资源，切实落实并联流程规划与实施，以最大限度地实现整体流程优化；此外，还需要针对当地情况，合理重划各部门权力边界，明确部门权责，做好协调联动。

3.重构新型政商关系，推进权力下放

有效利用市场机制，提高政府效率。构建"亲""清"新型政商关系，坚持不懈深化市场化、法治化改革，破除阻碍要素自由流动的体制机制障碍，促进要素自主有序流动，提高要素配置效率，激发全社会创造力和市场活力，有效保障不同市场主体平等获取生产要素，持续增强政府部门用市场化手段应对挑战的能力、信心。

夯实政商关系的社会价值体系基础。构建以民主法治和官商二元化为核心，以平等服务、清廉正派和守法诚信为支撑的社会价值体系，即人人平等、政商平等、政府主动服务商家和民众的平等服务精神，公私分明、认清是非、守住底线、不贪不腐的清廉正派意识，以及依法管理、守法经营、诚信经营的守法诚信价值。

用制度明晰权力与市场、政府与企业、官员与企业家之间的关系。制定"权力清单"，遏制公权力无边界运行，如量化公权力的数量，明确权力的行使流程，公开"权力清单"；出台《商会法》，规范商人的有组织行为；坚持依法反腐常态化，建立预警机制，改变"事后反腐"的被动局面。

完善政商关系的监督网络。从政治制度、社会力量、网络媒体三方面建立全方位的政商关系监督机制，具体包括：引导社会公众力量监督政商关系；运用网络、手机等新媒体的便捷、交互、扩散功能，加大对官商勾结、行政性腐败、权钱交易等行为的举报和曝光力度。

以法治推进权力下放的落实。按照权责一致、权能匹配、权属清晰的要求，把权力下放到位。科学界定各级政府行政权力边界，限制和取消不合理的政府行政权力，构建将各级政府的权力关进制度"笼子"的制度建设以及法治体系。将人力、物力随同权力下放而下放，并制定出台配套政策加以监督指导，担负起权力下放的相应责任。

运用权力清单倒逼政府职能转变。细致化、程序化各级政府权力清单，列出详细规则和操作程序；让审批的前置条件、程序、报送材料、告知义务、审批和许可时间等公开透明；建立裁量权基准制度，量化裁量标准，减少自由裁量权并公开行政执法及其处罚裁定。

完善地方党政干部考核制度建设。构建适应新常态的党政干部考核制度，通过建立和完善新的指标体系和考核办法，推动解决部分党政干部在推进改革、经济建设和社会发展上"宁可少一事"、不敢作为、不敢担当的现象和问题，尤其是基层人员在审批过程中表现出的推诿和不作为问题，切实调动公务人员工作积极性和主动性。

加强政府监管的制度建设。在政府监管理念上突出法治、公平和责任意识；坚持科学有效的监管规则、流程和标准；提倡监管方式创新，提高监管效能，坚持贯彻诸如综合监管与执法、随机抽查监管、"智能"监管和社会监督等监管方式相结合的原则，提升监管效能。加强市场主体责任观建设，注意"监"与"管"统筹，既要管好，也要管活。

4. 多措并举推动改革，以创新促转型

全面推进金融体系改革。改革现有银行业盈利模式，改变银行主要依靠存贷息差赚取利润的发展模式，提升金融资本服务实体经济的能级和水平。加强对银行同业业务、理财业务以及影子银行业务等方面的精细化、系统化管理，清理银行机构不必要的各种名义资金"通道"或"过桥"环节，抑制金融机构筹资成本的不合理上升。切实解决实体经济部门的高负债难题，全面推进金融体制改革。加快银行体系的混业经营，通过针对银行体系发展直接融资方式的创新举措，从根本上解决银行体系的贷款资金短期化倾向和实体经济长期发展之间的内在矛盾，构建真正适宜于实体经济发展内在需求以及转型升级要求的金融体系。重新审视禁止商业银行从事投资活动的规定。在中国经济"新常态"

的特定背景下，鼓励多层次资本市场的发展，引导社会资金流向实体经济，积极促进大众创业万众创新战略的实施。

切实推进能源价格形成机制的市场化改革。落实当前制订的能源价格机制改革方案，进一步理顺能源产品价格关系，使得汽油、电力等能源价格切实反映市场供求的变化。加快在竞售电价、留存电量价格、直购电和富余电量消纳、天然气直供、天然气经营企业成本监审等方面的体制改革步伐，促进企业能源成本的降低。真正打破能源生产体系中的国有垄断体制，通过经营成本和垄断成本的降低，进一步促进企业能源成本逐步降低。

推进物流产业整合和道路通行机制改革。通过进一步打造社会化、专业化的物流服务体系，形成一批具有较强竞争力的现代物流企业，扭转物流产业"小、散、弱"的发展格局，提升物流产业的规模经济和范围经济能力。进一步优化通行环境，加强和规范收费公路管理，破除地方利益对物流企业的干扰效应。提升产业集聚效应，降低物流成本，全面改革 GDP 唯上的地方政府官员政绩考核机制。同时，改变物流市场自身的分割现象，提升物流产业自身的效率，切实降低物流产业自身的服务成本。

5. 优化政策生态，调动企业自身积极性

精细化政府财政支出。根据具体情况调整、优化支出结构，避免支出固化，将有限的财政支出用到能够更有效改善企业情况的地方。通过政策调动企业自身积极性，使企业能够从内部出发降低自身成本，提高经营效率。

做好各项改革政策的协调衔接。解决企业综合负担重的问题，不仅仅是降税清费的问题，还与社保体制改革、金融体制改革、电力体制改革等密切相关，如果各项改革不能全面推进，依靠现有的下调一点税率、降低一点社保交费比例等措施，难以收到长期效果，应改变各部门在税费、能源、融资、投资、社保等重点领域各自为政的做法，加强机构联动和降成本政策的协调，并与体制机制改革结合起来，切实保障降成本政策达到预期效果。

6. 切实降低企业融资成本，落实普惠减税和普遍降费的各项政策

切实降低银行服务收费。鼓励银行尤其是大型银行创新信贷服务方式，鼓励银行业金融机构单列小微企业信贷计划，实施"无间贷"政策。提高贷款审

批和发放效率，清理不合理的金融服务收费项目。

完善中小企业融资市场。继续优化中小企业融资市场的制度安排，促进私募股权和创投基金发展，进一步推进企业资产证券化。适度降低投资者进入新三板市场交易的资本门槛。助推小额贷款与担保公司等非银行金融机构发展，尝试放宽对小额贷款公司的杠杆率限制，允许其跨地区经营、通过资产证券化等多渠道筹资。通过税收优惠等方式适度降低小额贷款公司融资成本。引导企业提升融资能力。引导中小企业抱团取暖，积极协作互助，通过各种灵活方式增强融资能力和发展水平。发挥协会、商会等行业组织的桥梁纽带作用，加强政府引导和整体风险评估。推进金融体系改革和结构调整。与实体经济发展需求相适应，构建多层次、多样化、立体化金融服务体系，支持产业链核心企业开展供应链融资，有效整合各种金融资源服务中小微企业。

加快已有减税政策的落实。推进服务业"营改增"，完善配套措施，扩大企业进项税额抵扣范围，切实降低制造业成本。同时，在实施企业减税降费政策后，注重评估政策效果，发现可能存在的梗阻，并及时作出调整。进一步减轻小微企业、个体工商户和其他个人的税收负担。适当调整小微企业、个体工商户增值税和营业税征收方式。制定中小微企业吸纳就业困难人员、农民工、大学生的税收优惠政策。精准调整税收政策结构。对企业新购进的用于替代劳动力的设备应给予加速折旧所得税优惠政策；针对部分行业中的出口企业，加大产品出口退税支持力度。进一步清理不合理的涉企收费，规范行政审批中介服务事项收费。

7. 深化交通领域体制机制改革，着力降低物流等成本

加快推进交通领域体制机制改革。在保障公路养护功能正常运转的基础上，合理精简交通部门人员编制，建立健全公路等交通部门人员执法行为公开监督机制，构建制止交通领域乱罚款、乱收费的长效机制。深化交通设施建设投融资机制，消除"贷款修路、收费还贷"建设模式的负面影响。进一步取消相关行政性收费。全面落实明确取消的行政事业性收费项目，进一步取消其他不合理的行政事业性收费，设立全国统一、公开透明的执法和处罚标准，推行交通执法在有关部门间的"互认"机制。进一步降低运输企业的税费负担。减轻企业税负，将部分人力资本、行政事业性收费、过路过桥费纳入增值税进项税的

抵扣范围，同时，积极支持企业开展智慧物流示范、提升供应链管理水平，降低企业物流成本。

实施负面清单管理模式。实施统一的市场准入负面清单，对国资、民资、外资采取一视同仁的市场准入管理模式。在负面清单之外的领域，全面消除各种隐性壁垒。尤其是在制造业行业，全面取消对民间投资的最低注册资本（金）、资质、股东结构、股份比例、技术标准、污染控制、经营范围等限制。确保各类市场主体平等使用生产要素，享受同等待遇。

加快资金、土地、资源要素等领域的市场化改革。保障各类市场主体在获取经济资源尤其是金融资源时机会均等、成本相同，平等使用生产要素。保障各类市场主体在投资核准、政府扶持、参与政府投资和知识产权保护等方面享受同等待遇。保障民营市场主体的职工评聘、社会保险、住房公积金、退休办理等方面的待遇与公办机构一致。

继续清理和废除不必要的行政干预经济政策。继续取消和下放行政审批事项，严禁部门和地方违法设定行政许可、增加行政许可条件和程序。全面清理和规范行政审批相关前置有偿中介服务事项。全面推广"一门式、一网式"审批服务模式。清理和废除对企业在注销、破产、关闭、搬迁转移时设置的行政障碍。

加快落实保护私人财产权的法律法规。通过修宪和立法赋予私有财产权以合法身份和平等地位，切实保护民间和中小企业投资及投资后产生的收益，建立针对民间和中小企业投资的法律援助和司法救济制度，确保各类市场主体同等受到法律保护。

8. 构建中小企业诚信平台，优化营商环境

加快中小微企业征信体系建设，严厉打击各种逃废银行债务行为。实行黑名单，提升企业诚信意识，促进企业合法经营，规范企业内部财务管理，确保企业规范运行。减少企业与金融机构之间的信息不对称，为小微企业开拓融资渠道，提供融资便利，提高融资效率。

构建大数据平台。充分利用大数据技术，构建包含充足企业信息的诚信体系平台，有效改善营商环境。省级层面利用大数据、云计算等现代信息技术，构建统一的中小微企业征信平台，依法采集、整理、加工企业的信用信息，实

现跨部门、跨行业的信用信息共享。

9. 定期"体检"，建立政策评估与反馈机制

整合评估检测项目。对于要提供同样的材料，走相似程序的评估检测项目"合并同类项"，降低企业成本。允许有资质的第三方机构出具一揽子的评估报告，并且加快实现产品认证的各地互认，破除地方保护壁垒。

进一步规范中介服务机构。根治"红顶中介"的越位问题，在法律层面规范中介与政府的关系，建立放权、限权、分权的权力运作与监管机制，主要包括：彻底斩断中介机构对行政部门的权力依附，防止行政部门利用职权指定或变相指定中介机构提供服务；科学合理地取消各类保护政策和准入门槛，进一步放开中介服务市场，让其他具有同样资质和能力的机构有平等的竞争机会；稳步推进中介机构产权改革，实现中介机构设置和人事安排的完全市场化，最终建立"市场开放、竞争有序、执业规范、收费合理、服务高效"的服务保障体系。

进一步精简审批环节。按照服务标准化的要求，对部分审批前置条件和材料进行压缩与取消，进一步放宽企业经营的登记条件，加快实现企业"一照一码""五证合一""一照多址""集中办公"以及住宅商用登记改革，全面落实国务院关于审批前置项目的清理与取消，建立前置改后置事项的共同监管机制。

进一步健全企业年报公示制度。积极推进统一商事登记立法，建立完善的市场主体准入机制；完善公司信息公示体系，及时、准确、完整地向公司交易相对人传递公司的各项重要信息；从抽查标准和抽查程序两个方面完善企业报送信息的抽查制度；构建市场主体信用信息公示体系，完善信用约束机制；明晰企业年报公示各方的责任，即管理部门公开企业有关信息的权利和责任以及企业报送年度报告的责任和义务。

10. 加强知识产权保护，进一步完善产权保护制度

不断建立健全知识产权保护预警防范机制。加强新业态新领域创新成果的知识产权保护。建立健全知识产权侵权惩罚性赔偿制度，建立收集假冒产品来源地信息工作机制。

完善知识产权审判工作机制。积极发挥知识产权法庭的作用，推进知识产权

民事、刑事、行政案件审判"三审合一"，加强知识产权行政执法与刑事司法的衔接，加大知识产权司法保护力度。提高知识产权侵权成本，降低维权成本。加强知识产权行政执法信息公开，震慑违法者，同时促进执法者规范公正文明执法。

第二节　立足数字经济发展机遇：深入挖掘技术红利，建设信用社会

1.利用新兴技术，优化涉企工作流程，推动政府职能转变

贯彻中央"六稳六保"精神，落实"放管服"，推动政府职能转变，推进降低企业特别是实体企业制度性交易成本各项工作。借助大数据、物联网、云计算、区块链等技术完善涉企信息，努力实现政府涉企工作流程的优化，达到"该取消的全部取消，能降低的全部降至底线"的标准。

加强电子政务平台建设，创新涉企工作方式方法，采用"上门服务、一次审批、超时默认、违规追责"等举措，进一步提高服务质量、降低企业负担。深层次解决政府与企业间的信息不对称问题，最大限度地提高政府服务质量与效率、降低企业制度性交易成本。

深度挖掘企业及涉企个人信用信息，构建科学合理的信用评分模型，采用事中事后监管、信用评分动态调整、综合奖惩等措施，发挥数据作为资源要素的倍增效应，通过加快推进大数据立法，充分发挥"压舱石"作用。

2.建立关联法人及自然人的统一信用信息数据库

建立跨部门、跨地域的统一涉企信息数据库，实现涉企信息共享和风险联动预警，快速识别和有效化解潜在风险。建立关联法人及自然人的统一信用信息数据库，整合企业各类登记注册及证照信息、企业奖惩信息、诚信档案信息等内容，纳入企业公开信息及其在政府或其他公开交易平台的历史记录等其他数据。

推动涉企信息与全国公民个人信用数据的深度整合，将涉企自然人求学、就业、消费、交通等信息与企业信息相关联。为金融机构提供信用状况查询服务，

为货币政策和金融监管提供有关的信息服务。

3. 探索企业及涉企个人信用评分的新技术运用

借助人工智能、大数据等新兴技术，构建安全可靠、科学合理的信用评分模型。在全社会推广信用评分，使之成为企业及个人从事社会活动、商业活动的重要凭证。完善基于信用评分的奖惩机制建设。对于信用评分高的企业及个人，可以采用备案制的形式，自行进行工商登记、产品检验检疫等事项。

依托全国信用信息共享平台、国家企业信用信息公示系统，完善具有信息查询、信息填报、信息公告、企业经营异常名录公示、严重违法企业名单公示、抽查检查结果公示、"双告知"、失信联合惩戒、严重违法企业名单管理、简易注销、司法协助公示等功能的国家企业信用信息公示系统，实现信息传送、归集、汇总至全国信用信息共享平台，并通过"信用中国"网站公开公示。

推动统一社会信用代码制度建设，在全国完成法人和其他组织以及个体工商户统一社会信用代码存量技术赋码转换工作，使法人和其他组织以及个体工商户统一社会信用代码存量主体赋码达到100%，在"信用中国"网站归集统一社会信用代码及相关信息，向社会提供查询服务。

建立中小企业信用信息数据库及数据采集共享平台。完善信息公示制度，以企业法人国家信息资源库为基础建设市场主体信用信息公示系统，将企业登记备案、监管、年度报告、资质资格等信息通过市场主体信用信息公示系统予以公示。

4. 建立涉企信用评分与动态监管协同机制

跟踪监管存续企业、涉企个人参与商业活动、社会活动等行为，建立动态调整的信用评分系统，建立信用评分与涉企工作事中事后监管挂钩的有效机制。

制定科学有效的市场监管规则、流程和标准；在监管方式上要增强创新能力，提高监管效能，实现诸如综合监管与执法、随机抽查监管、"智能"监管和社会监督等监管方式的结合。对于存在欺诈、隐瞒事实等行为的企业或个人，采取从重从严的惩罚措施；对于信用行为较好的企业或个人，则进行一定程度的奖励。建立健全信用联合奖惩机制，落实信用联合奖惩备忘录，协调建立信用信息共享机制，形成跨地区、跨部门、跨领域守信联合激励与失信联合惩戒机制。

推动守信激励和失信惩戒等措施落地，强化联合奖惩效果。将归集的"红黑名单"应用于不同监管场景，贯彻落实国家各部委签署的联合奖惩备忘录，分别涉及失信被执行人、交通运输、电子商务、安全生产、食品安全等领域，积极归集联合奖惩典型案例。完善"红黑名单"公布和管理机制，定期发布"红黑名单"。

积极开展"双随机、一公开"监管工作，督促各级各有关部门制定随机抽查事项清单，建立检查对象名录库和执法检查人员名录库，抽查情况和抽查结果向社会公开。加强重点领域行业监管，把安全生产、消费者权益保护、金融、国有资产、知识产权、教育卫生等领域作为监管重点，完善监管制度，加大监管力度，做到无缝衔接、全面覆盖。强化清单的执行落实，切实把监管责任和措施落到实处，防止监管"缺位"和管理"真空"。全面推动综合执法体制改革，整合执法职能和机构，相对集中执法权，规范执法行为，探索推进跨部门、跨领域综合执法，解决多头执法、重复执法、执法扰民等问题。

全面推行"双随机、一公开"监管，随机确定检查对象和检查人员，及时公开检查结果，减少权力寻租现象。加快社会信用体系建设，完善守信激励和失信惩戒机制，让失信者一处违规、处处受限。

5. 深化数据要素市场化配置的体制机制改革

发挥数据要素作为国家基础性战略资源的作用，聚焦前沿技术研发、数据开放共享、隐私安全保护、人才培养等方面的前瞻性布局，培养数字经济新产业、新业态和新模式，并以标准为支撑，以场景为牵引，推动实体经济和数字经济融合发展，培育发展数据要素市场，使大数据流动成为推动经济社会高质量发展的新动能。

推动数据要素同其他要素融合，加速社会经济价值创造。提升数据要素市场的有序开放和高效流动，发挥"数据"这一新型要素对其他要素效率的倍增作用，让数据多"跑路"，以"新要素"融合传统各项要素，以"新引擎"开启新的发展动能。

6. 保障涉企信息安全、统一、共享，培育良好的政策生态环境

充分保障数据安全。防范网络攻击，做好数据库保密、权限分配等工作，确保信用数据不被恶意篡改、泄露。加强系统安全防护，进行数据备份和加密等；

做好内部安全管理和安全培训；合理采集数据，防范隐私数据泄露。

精准构建数据模型。建立全国统一的个人信用评分机制，由中国人民银行征信中心统一管理个人信用分数，同时对不确定性因素进行考察，并区别个人信用与个人声誉评价标准。完善全国征信系统中的个人信用记录，设定个人信用计分卡，设置个人信用的风险分数，确立科学的个人信用评分模型，确保个人信用分数计算方法的科学性与合理性。通过规范个人信用评分机制，扩大信用分数在各个领域的应用，进一步促进我国信用体系的建立与完善。

进一步向社会免费开放涉企信用评分评级，提供多渠道、多终端的查询服务，加强信用信息归集、共享、公开和使用以降低搜寻和信用成本，开展守信联合激励和失信联合惩戒以降低监督和执行成本等。加大守信者的受益和失信者的损失，最终形成诚实守信的市场氛围，降低整个市场的制度性交易成本。

阳光规范制度运行，促进信息公开，让制度在公开透明的环境中运行。建立信息化平台，实现各类信息的互联互通，把涉及制度性交易成本的各个环节、各个方面、各项具体内容都嵌入信息化系统，避免出现"信息孤岛"。完善信息网络，促进各项制度相互衔接、相互对照，通过实现互联互通促进制度性交易成本规范化、阳光化。

加快推进数据立法。及时总结地方经验，鼓励贵州、上海、京津冀等国家级大数据综合试验区先行探索，制定大数据相关办法和条例，从行政层面逐步上升到法律层面，并将优秀地方经验在全国加以推广。推进大数据立法顶层设计，坚持安全与发展并重、促进与规范并举的原则，加快审议《中华人民共和国数据安全法（草案）》。完善数据权属立法，建立数据知识产权保护制度，明确数据在收集、存储、利用、共享、销毁等各环节中的所有权、使用权和收益权。完善数据安全立法，细化数据安全责任制度，统一数据采集技术标准，加强个人隐私保护。加强信息数据组织保障，打通部门壁垒，加强政府信息公开，逐步实现公共数据资源的汇聚。积极推进数据登记立法，建立完善的市场主体准入机制；完善公司信息公示体系，及时、准确、完整地向公司交易相对人传递公司的各项重要信息；从抽查标准和抽查程序两个方面完善企业报送信息的抽查制度；完善市场主体信用信息公示体系，完善信用约束机制；明晰企业年报公示各方的责任，即管理部门公开企业有关信息的权利和责任与企业报送年度报告的责任和义务。

参考文献

中文文献

［1］刘尚希，王志刚，程瑜，韩晓明，施文泼.降成本:2019年的调查与分析［J］. 财政研究,2019（11）:3-16.

［2］张莉，陈邱惠，毕青苗.商事制度改革与企业制度性成本［J］.中山大学学报（社会科学版）,2019,59（6）:167-177.

［3］车茂娟，周作昂."双创"企业制度性成本怎么降？［J］.四川省情,2019（11）:38-39.

［4］傅志华，石英华，韩晓明，景婉博.依托信息化建设推进制度性成本综合改革——贵州省调研报告［J］.财政科学,2018（10）:69-77.

［5］刘尚希，韩晓明，张立承，程瑜，施文泼，景婉博.降低制度性交易成本的思考——基于内蒙古、黑龙江的调研报告［J］.财政科学,2017（8）:22-31.

［6］王朝才，马洪范，封北麟，梁季，陈龙，赵治纲.山东、福建两省降低制度性交易成本的调研分析［J］.财政科学,2017（8）:32-40.

［7］傅志华，赵福昌，石英华，李成威，李铭，黄燕飞，田远.广西、云南降低企业制度性交易成本的调研思考［J］.财政科学,2017（8）:41-52.

［8］陈刚.管制与创业——来自中国的微观证据［J］.管理世界,2015（5）:89-99,187-188.

［9］丁晓东.浅谈税收的作用［J］.时代金融,2011（9）:26-27.

［10］丁亚男.税收优惠取消对企业的影响及对策［J］.中国商论,2015(36):22-24.

［11］冯俏彬，李贺.降低制度性交易成本应对美国减税冲击［J］.经济研究参考,2018（30）:41-43.

［12］冯俏彬.中国财政学会2017年年会暨第21次全国财政理论研讨会论文

集［C］.2017:21.

［13］金碚.工业经济学［M］.北京：经济管理出版社.2005:10-21.

［14］科斯等.制度、契约与组织——从新制度经济学角度的透视［M］.北京：经济科学出版社,2003：69.

［15］刘戒骄.增强要素流动促进民营经济高质量发展［J］.经济纵横,2019（4）:2,45-51.

［16］卢志刚.科斯的交易费用理论分析［J］.山西财经大学学报,2012,34（S3）:35.

［17］［美］奥利弗·威廉姆森.交易费用经济学：契约关系的规制［J］.法律经济学,1979（10）.

［18］［美］罗纳德·哈里·科斯.企业、市场与法律［M］.上海：格致出版社,上海三联书店,上海人民出版社,2009.

［19］聂成红.试论我国治理体制的演变及反思［D］.武汉：湖北大学,2015:26.

［20］威廉姆·A.尼斯坎南.官僚制与公共经济学［M］.北京：中国青年出版社,2004:37-41.

［21］余晖.行业协会组织的制度动力学原理［J］.经济管理,2001（4）:22-29.

［22］张百灵.外部性理论的环境法应用：前提、反思与展望［J］.华中科技大学学报（社会科学版）,2015,29（2）:44-51.

［23］李志强.现阶段中国市场流通费用及交易成本研究［J］.科学经济社会,2011（12）.

［24］诺斯.制度、制度变迁与经济绩效［M］.杭行,译;韦森,译审.上海：格致出版社,上海三联书店,上海人民出版社,2014.

［25］张五常.交易费用的范式［J］.社会科学战线,1999（1）.

［26］张五常.新制度经济学的现状及其发展趋势［J］.当代财经,2008（7）.

［27］诺斯.制度、制度变迁与经济绩效［M］.刘守英,译.上海：上海三联书店,1990.

［28］董全瑞.制度性交易成本及其中国实践成效分析［J］,理论导刊,2017（5）.

［29］朱旭峰,张友浪.创新与扩散：新型行政审批制度在中国城市的兴起［J］.管理世界,2015（10）.

［30］程波辉.降低企业制度性交易成本：内涵、阻力与路径［J］.湖北社

会科学 ,2017（6）.

［31］武靖州 . 制度性交易成本治理之道研究［J］. 中国物价 ,2018（3）.

［32］孙裕增 . 制度性交易成本演变与改革路径［J］. 浙江经济 ,2016（23）.

［33］国家发展改革委宏观经济研究院课题组 . 降低实体经济企业成本研究［J］.
宏观经济研究 ,2017（7）.

［34］卢现祥 . 转变制度供给方式 , 降低制度性交易成本［J］. 学术界 ,2017（10）.

［35］卢现祥 , 朱迪 . 中国制度性交易成本测算及其区域差异比较［J］. 江汉论
坛 ,2019（10）.

［36］中国财政科学研究院 "降成本" 课题组 . 降成本 :2017 年的调查与分析［J］.
财政研究 ,2017（10）.

［37］何雷 , 韩兆柱 . 基于交易成本分析的行政审批制度改革研究［J］. 行政论
坛 ,2017（1）.

［38］周雪峰 . 降低企业制度性交易成本的实证研究［D］. 北京 : 对外经济贸
易大学 ,2018.

［39］刘胜 , 陈秀英 . 行政审批改革对服务业生产率的影响研究——基于制度性
交易成本视角［J］. 云南财经大学学报 ,2019（9）.

［40］刘胜 , 申明浩 . 行政审批制度改革与制造业企业全球价值链分工地位［J］.
改革 ,2019（1）.

［41］孙艳阳 . 行政审批改革与企业价值——基于行政审批中心设立的 "准自然
实验"［J］. 山西财经大学学报 ,2019（6）.

［42］王永进 , 冯笑 . 行政审批制度改革与企业创新［J］. 中国工业经济 ,2018
（2）.

［43］冯俏彬 , 李贺 . 降低制度性交易成本 : 美国税改与中国应对方略［J］. 中
央财经大学学报 ,2018（5）.

［44］庞凤喜 , 牛力 . 论新一轮减税降费的直接目标及实现路径［J］. 税务研究 ,
2019（2）.

［45］夏杰长 , 肖宇 , 欧浦玲 . 服务业 "降成本" 的问题与对策建议［J］. 企业
经济 ,2019（1）.

［46］吴子熙 . 中国制度性交易成本降低的路径研究［J］. 云南社会科学 ,2019
（5）.

［47］韦森.经济理论与市场秩序［M］.上海：上海人民出版社,2009.

［48］刘军,付建栋.营商环境优化、双重关系与企业产能利用率［J］.上海财经大学学报,2019（7）.

［49］刘刚,梁晗.外部性视角下营商环境的优化——基于企业需求导向的研究［J］.中国行政管理,2019（11）.

［50］徐静文,金银亮,张红霄,王枫.我国非国有林业企业人工林经营的制度性交易成本成因分析［J］.世界林业研究,2018（7）.

［51］卢现祥.从三个制度维度探讨我国民营经济发展［J］.学术界,2019（8）.

［52］张钟尹.国务院督战降低工商业电价等举措：已定的降费措施要说到做到,全年为企业减负3100亿元［N］.每日经济新闻,2020-06-18.

［53］常耀中.企业制度性交易成本的内涵与实证分析［J］.现代经济探讨,2016（8）:48-52.

［54］王义,庄海燕.降低交易成本：政府绩效评估制度建设的新视角［J］.长白学刊,2007（3）:47-49.

［55］程波辉,陈玲.制度性交易成本如何影响企业绩效：一个制度经济学的解释框架［J］.学术研究,2020（3）:70-75.

［56］辛蔚,林木西.产权结构与制度环境降低交易成本的机理研究［J］.经济理论与经济管理,2020（5）:35-47.

［57］丁志国,郭婷婷.理性的约定：现代契约理论发展综述［A］.吉林大学数量经济研究中心.吉林大学数量经济优秀成果汇编（2018年卷）［M］.2019:153-161.

［58］李琼.中国企业税费负担：规模测算及结构分析［J］.学习与探索,2020（5）:125-131.

［59］中国财政科学研究院.降成本与实体经济企业高质量发展［EB/OL］.［2019-10］.http://ts.whytouch.com/pdf/g3e1c0449284d45c695961f94f1e8751/index.php.

［60］蒋小花.作业成本法下工业企业创新成本的计量模式研究——基于高质量发展的要求［J］.会计师,2019（11）:34-36.

［61］陶丹.产学研协同创新成本分摊机制研究［J］.科技进步与对策,2018（5）:8-13.

［62］周霞.企业研发成本管理问题的思考［J］.全国流通经济,2020（10）:
43-44.

［63］唐丽艳,王国红,张秋艳.科技型中小企业与科技中介协同创新网络的构
建［J］.科技进步与对策,2009（2）:79-82.

［64］国家税务总局.研发费用加计扣除政策沿革［EB/OL］.http://www.
chinatax.gov.cn/n810219/n810744/n3213637/index.html.

［65］陈海声,连敏超.盈余管理、研发费用加计扣除政策的执行效率［J］.科
研管理,2020（4）:54-63.

［66］江小涓.大数据时代的政府管理与服务:提升能力及应对挑战［J］.中国
行政管理,2018（9）:6-11.

［67］倪庆东.建立科技创新融资风险补偿机制［N/OL］.［2013-09-26］.人民
日报,http://opinion.people.com.cn/n/2013/0926/c1003-23037314.html.

［68］李克强在十三届全国人大二次会议上作的政府工作报告（摘要）［N/
OL］.［2019-03-06］.经济日报,http://paper.ce.cn/jjrb/html/2019-03/06/
content_385357.htm.

［69］王冬莱.制度性交易成本对汽车制造业企业竞争力的影响研究［D］.昆明:
云南财经大学,2019.

［70］杨秀玉.中国电信行业行政垄断与竞争政策研究［D］.济南:山东大学,
2010.

［71］宗锦耀.全面深化农业行政审批制度改革［J］.农村工作通讯,2019
（21）:23-25.

［72］工信部部长:改变行政审批机制 严控产能无序扩张［EB/OL］.新华网,
http://www.xinhuanet.com/.

［73］刘诚,钟春平.产能扩张中的行政审批:成也萧何,败也萧何［J］.财贸
经济,2018,39（3）:50-64.

［74］毕青苗,陈希路,徐现祥,李书娟.行政审批改革与企业进入［J］.经济
研究,2018,53（2）:140-155.

［75］陈祎淼.增强企业获得感 工信部加大简政放权力度［N］.中国工业
报,2016-03-21（A01）.

［76］工信部发布《关于进一步加强工业行业安全生产管理的指导意见》［J］.

智能制造 ,2020（7）:12.

［77］孙海云 . 政府在物流产业发展中的作用研究［D］. 济南：山东大学 ,2018.

［78］赵治纲 . "降成本"现状、成因与对策建议［J］. 财政科学 ,2016（6）:47-53.

［79］商务部召开"简政放权深化行政审批制度改革"发布会［EB/OL］.［2020-08-21］. 商务部网站 ,http://www.gov.cn/xinwen/2014-09/23/content_2755191.htm.

［80］本刊编辑部 . 交通运输业砥砺奋进的五年回顾（之一）［J］. 中国公路 ,2017（18）:18-21.

［81］交通运输部 2019 年度法治政府部门建设工作情况［J］. 中国海事 ,2020（4）:24-26.

［82］工信部深化信息通信领域"放管服"改革提出六方面 19 项举措（附解读）［J］. 互联网天地 ,2020（6）:16-19.

［83］欧阳剑环 . 银保监会发布行政许可实施程序规定［N］. 中国证券报 ,2020-06-05（A02）.

［84］陈昊 . 废止或修订 52 件规范性文件［N］. 中国纪检监察报 ,2020-03-29（001）.

［85］中办国办印发《关于进一步深化文化市场综合执法改革的意见》［N］. 人民日报 ,2016-04-05（001）.

［86］杨红岩 . 大刀阔斧简政放权 激发市场活力动力［N］. 中国交通报 ,2017-09-07（001）.

［87］天酬 . 自拆香火 反哺实业［J］. 中国储运 ,2017（5）:12.

［88］孙萍 , 陈诗怡 . 营商政务环境：概念界定、维度设计与实证测评［J］. 当代经济管理 ,2020（42）.

［89］郑福芹 . 供给侧结构性改革视角下降低实体经济企业成本的对策分析［J］. 中国乡镇企业会计 ,2018（11）:117-118.

［90］降低实体经济企业成本工作方案［S/OL］. http://www. gov. cn/zhengce/content/2016-08/22/content_5101282.htm.

［91］关于 2016 年深化经济体制改革重点工作的意见［S/OL］. http://www.gov.cn/xinwen/2016-03-31/content_5060105.htm.

［92］清理规范投资项目报建审批事项实施方案［S/OL］. http://www.gov.cn/
zhengce/content/2016-05/26/content_5077076.htm.

［93］2016 年推进简政放权放管结合优化服务改革工作要点［S/OL］. http://
www.gov.cn/zhengce/content/2016-05/24/content_5076241.htm.

［94］《国务院关于取消一批职业资格许可和认定事项的决定》［S/OL］.
http://www.gov.cn/zhengce/content/2016-12/08/content_5144980.htm.

［95］关于建立统一的绿色产品标准、认证、标识体系的意见［S/OL］. http://
www.gov.cn/zhengce/content/2016-12/07/content_5144554.htm.

［96］国务院关于上海市进一步推进"证照分离"改革试点工作方案的批复［S/
OL］. http://www.gov.cn/zhengce/content/2018-02/11/content_5265811.htm.

［97］关于进一步压缩企业开办时间的意见［S/OL］. http://www.gov.cn/zhengce/
content/2018-05/17/content_5291643.htm.

［98］政府工作报告［S/OL］. http://www.china.com.cn/lianghui/news/2019-02/28/
content_74505934.shtml.

［99］国务院办公厅关于部分地方优化营商环境典型做法的通报［S/OL］.
http://www.gov.cn/zhengce/content/2018-08/03/content_5311523.htm.

［100］关于在全国推开"证照分离"改革的通知［S/OL］.http://www.gov.cn/xinwen/
2018-10/10/content_5329239.htm.

［101］关于聚焦企业关切进一步推动优化营商环境政策落实的通知［S/OL］.
http://www.gov.cn/zhengce/content/2018-11/08/content_5338451.htm.

［102］关于对真抓实干成效明显地方加大激励支持力度的通知［S/OL］. http://
www.gov.cn/zhengce/content/2018-12/10/content_5347465.htm.

［103］优化营商环境条例［S/OL］. http://www.gov.cn/zhengce/content/2019-10/
23/content_5443963.htm?tdsourcetag=s_pctim_aiomsg.

［104］关于在自由贸易试验区开展"证照分离"改革全覆盖试点的通知［S/
OL］. http://www.gov.cn/xinwen/2019-11/15/content_5452472.htm.

［105］国务院关于在自由贸易试验区开展"证照分离"改革全覆盖试点的通知
［S/OL］.http://www.gov.cn/zhengce/content/2019-11/15/content_5451900.
htm.

［106］长江三角洲区域一体化发展规划纲要［S/OL］. http://www.gov.cn/

home/2019-12/01/content_5459043.htm.

［107］世界银行.全球营商环境报告2020［EB/OL］.https://www.worldbank. org/.

［108］关于加快推进"互联网＋政务服务"工作的指导意见［S/OL］. http:// www.gov.cn/zhengce/content/2016-09/29/content_5113369.htm.

［109］"十三五"国家信息化规划［S/OL］. http://www.gov.cn/zhengce/ content/2016- 12/27/content_5153411.htm.

［110］"互联网＋政务服务"技术体系建设指南［S/OL］. http://www.gov.cn/ zhengce/content/2017-01/12/content_5159174.htm.

［111］关于加快推进"多证合一"改革的指导意见［S/OL］.http://www.gov.cn/ zhengce/content/2017-05/12/content_5193122.htm.

［112］关于进一步推进物流降本增效促进实体经济发展的意见［S/OL］.http:// www.gov.cn/zhengce/content/2017-08/17/content_5218207.htm.

［113］关于深化公共资源交易平台整合共享指导意见［S/OL］. http://www.gov. cn/zhengce/content/2019-05/29/content_5395735.htm.

［114］关于落实政府工作报告重点工作部门分工的意见［S/OL］. http://www. gov.cn/zhengce/content/2018-04/12/content_5281920.htm.

［115］中共中央关于深化党和国家机构改革的决定［S/OL］. http://www.gov.cn/ zhengce/2018-03/04/content_5270704.htm.

［116］关于深入推进审批服务便民化的指导意见［S/OL］. http://www.gov.cn/ zhengce/2018-05/23/content_5293101.htm.

［117］关于落实《政府工作报告》重点工作部门分工的意见［S/OL］. http:// www.gov.cn/zhengce/content/2019-04/09/content_5380762.htm.

［118］关于扩大对外开放积极利用外资若干措施的通知［S/OL］.http://www. gov.cn/zhengce/content/2017-01/17/content_5160624.htm.

［119］中共中央　国务院关于构建开放型经济新体制的若干意见［S/OL］. http://www.gov.cn/xinwen/2015-09/17/content_2934172.htm.

［120］关于加强质量认证体系建设促进全面质量管理的意见［S/OL］. http:// www.gov.cn/zhengce/content/2018-01/26/content_5260858.htm.

［121］国家粮食和物资储备局职能配置、内设机构和人员编制规定［S/OL］.

http://www.gov.cn/zhengce/2018-09/11/content_5320985.htm.

［122］关于完善建设用地使用权转让、出租、抵押二级市场的指导意见［S/OL］. http://www.gov.cn/zhengce/content/2019-07/19/content_5411898.htm.

［123］关于进一步优化超大型起重机械型式试验工作的意见［S/OL］. http://www.gov.cn/xinwen/2018-12/06/content_5346211.htm.

［124］中共中央　国务院关于推进安全生产领域改革发展的意见［S/OL］. http://www.gov.cn/xinwen/2018-12/06/content_5346211.htm.

［125］特种设备安全监管改革顶层设计方案［S/OL］. http://www.samr.gov.cn/tzsbj/tzgg/zjwh/201603/t20160301_283552.html.

［126］关于特种设备行政许可有关事项的公告［S/OL］. http://www.samr.gov.cn/samrgkml/nsjg/bgt/201902/t20190216_288677.html.

［127］市场监督总局关于调整《电梯施工类别划分表》的通知［S/OL］. http://www.samr.gov.cn/samrgkml/nsjg/bgt/201902/t20190217_289805.html.

［128］关于撤销冒用他人身份信息取得公司登记的指导意见［S/OL］. http://gkml.samr.gov.cn/nsjg/xyjgs/201906/t20190628_302992.html.

［129］关于进一步优化国家企业信用信息公示系统的通知［S/OL］. http://gkml.samr.gov.cn/nsjg/xyjgs/201907/t20190719_305040.html.

［130］关于做好 2018 年降成本重点工作的通知［S/OL］. https://www.ndrc.gov.cn/xwdt/ztzl/jdstjjqycb/zccs/201805/t20180509_1028606.html.

［131］关于大力发展实体经济积极稳定和促进就业的指导意见［S/OL］. http://www.gov.cn/xinwen/2018-07/17/content_5306934.htm.

［132］关于做好 2019 年降成本重点工作的通知［S/OL］. http://www.gov.cn/xinwen/2019-05/17/content_5392450.htm.

［133］海关总署关于修改部分规章的决定［S/OL］. https://www.tid.gov.hk/english/aboutus/tradecircular/cic/asia/2018/files/ci2018783a.pdf.

［134］海关总署关于修改部分规章的决定［S/OL］. http://www.gov.cn/gongbao/content/2018/content_5274468.htm.

［135］海关关于超期未报关进口货物、误卸或者溢卸的进境货物和放弃进口货物的处理办法［S/OL］. http://www.gov.cn/gongbao/content/2002/content_61708.htm.

［136］关于进一步优化报关单位登记管理有关事项的公告［S/OL］. http://www.ganzhou.gov.cn/zfxxgk/c100441gbr/2018-12/14/content_9db1a87ac3a746909034d892f0f0f6a8.shtml.

［137］2018 年第四季度国家重大政策措施落实情况跟踪审计结果［S/OL］. http://www.audit.gov.cn/n5/n25/c130878/content.html.

［138］关于印发 2019 年度内部审计工作指导意见的通知［S/OL］. http://www.audit.gov.cn/n8/n28/c131460/content.html.

［139］2019 年度内部审计工作指导意见［S/OL］. http://www.audit.gov.cn/n8/n28/c131460/content.html.

［140］关于进一步放活集体林经营权的意见［S/OL］. http://www.forestry.gov.cn/main/4818/content-1099813.html.

［141］关于进一步放活集体林经营权的意见［S/OL］. http://www.gov.cn/gongbao/content/2018/content_5326384.htm.

［142］社会资本投资农业农村指引［S/OL］. http://www.moa.gov.cn/xw/zwdt/202004/t20200416_6341772.htm.

［143］关于统筹推进民航降成本工作的实施意见［S/OL］. http://www.gov.cn/xinwen/2019-05/17/content_5392485.htm.

［144］关于支持民营快递企业发展的指导意见［S/OL］. http://www.acfic.org.cn/ddgh/bwzc/201907/t20190710_133441.html.

［145］关于减轻企业税费负担降低财务支出成本的意见［S/OL］. https://www.shui5.cn/article/bf/87608.html.

［146］关于进一步推进物流降本增效促进实体经济发展的通知［S/OL］. http://gxt.shandong.gov.cn/art/2018/8/22/art_15178_1054984.html.

［147］关于印发贯彻落实国务院深化放管服改革要求进一步优化营商环境重点任务分工方案的通知［S/OL］. http://www.shandong.gov.cn/art/2018/12/8/art_2267_29150.html.

［148］关于持续深入优化营商环境的实施意见［S/OL］. http://credit.shandong.gov.cn/273/101208.html.

［149］关于进一步降低企业成本优化发展环境的若干意见［S/OL］. http://www.zj.gov.cn/art/2016/4/7/art_32432_268861.html.

［150］浙江省供给侧结构性改革降成本行动方案［S/OL］. http://www.zj.gov.cn/art/2017/1/5/art_32432_290014.html.

［151］关于深化企业减负担降成本改革的若干意见［S/OL］. http://www.zj.gov.cn/art/2017/6/13/art_32432_293126.html.

［152］关于开展"雏鹰行动"培育隐形冠军企业的实施意见［S/OL］. https://www.creditchina.gov.cn/home/zhngcefagui/201908t20190806_164459.html.

［153］关于降低实体经济企业成本的意见［S/OL］. http://www.jiangsu.gov.cn/art/2016/11/29/art_46143_2543254.html.

［154］关于进一步降低实体经济企业成本的意见［S/OL］. http://www.jiangsu.gov.cn/art/2016/11/29/art_46143_2543254.html.

［155］关于进一步促进民间投资发展的意见［S/OL］. http://www.jiangsu.gov.cn/art/2016/12/12/art_46143_2543263.html.

［156］关于进一步降低企业负担促进实体经济高质量发展的若干政策措施［S/OL］. http://www.jiangsu.gov.cn/art/2018/11/8/art_46143_7874361.html.

［157］关于进一步加大基础设施领域补短板力度的实施意见［S/OL］. http://www.jiangsu.gov.cn/art/2019/3/15/art_46144_8277414.html.

［158］关于推进绿色产业发展的意见［S/OL］. http://www.jiangsu.gov.cn/art/2020/4/1/art_46143_9029775.html?gqnahi=affiy2.

［159］江苏省鼓励进口技术和产品目录（2019）［S/OL］. http://swj.taizhou.gov.cn/art/2019/2/13/art_45872_1997144.html.

［160］国务院关于印发降低实体经济企业成本工作方案的通知［S/OL］. http://www.gov.cn/zhengce/content/2016-08/22/content_5101282.htm.

［161］关于开展降低企业成本优化发展环境专项行动的通知［S/OL］. http://www.jxlc.gov.cn/art/2020/3/18/art_4770_2009563.html.

［162］关于降低企业成本、优化发展环境的若干政策措施［S/OL］. http://zfgb.jiangxi.gov.cn/art/2016/11/17/art_11429_361297.html.

［163］关于降低企业成本优化发展环境的若干意见［S/OL］. http://www.jiangxi.gov.cn/art/2017/5/23/art_4642_209518.html.

［164］关于进一步降低实体经济企业成本的补充政策措施［S/OL］. http://www.jiangxi.gov.cn/art/2018/11/6/art_4975_401233.html.

［165］关于进一步降低实体经济企业综合成本实施方案［S/OL］. http://www. czs.gov.cn/html/zwgk/ztbd/13199/52091/52122/52124/content_2948288. html.

［166］关于降低实体经济企业成本的实施方案［S/OL］. http://www.hunan.gov. cn/xxgk/wjk/szfbgt/201809/t20180930_5113418.html.

［167］湖南省支持企业研发财政奖补办法［S/OL］. http://www.hunan. gov.cn/xxgk/wjk/szbm/szfzcbm_19689/sczt/gfxwj_19835/201901/ t20190114_5257880.html.

［168］黑龙江省降低企业制度性成本改革试点方案［S/OL］.http://www.hlj.gov. cn/wjfg/system/2017/04/24/010823270.shtml.

［169］黑龙江省降低实体经济企业成本实施细则［S/OL］. http://www.hlj.gov. cn/wjfg/system/2017/04/06/010819975.shtml.

［170］黑龙江省环评审批正面清单实施细则（2020年本,试行）［S/OL］. http://www.hljdep.gov.cn/zcfg/fg/dffg/2020/05/26639.html.

［171］降低实体经济企业成本实施细则的通知［S/OL］. http://www.hlj.gov.cn/ wjfg/system/2017/04/06/010819975.shtml.

［172］辽宁省降低实体经济企业成本工作实施方案［S/OL］. https://www.ndrc. gov.cn/xwdt/ztzl/gdqjcbzc/liaoning/201807/t20180704_1209363.html.

［173］优化营商环境条例［S/OL］. http://www.lnrd.gov.cn/important/show- 42988.html.

［174］推进"最多跑一次"规定［S/OL］.http://www.tlqh.gov.cn/tlqhq/zfxxgk57/ zwgk65/yhyshj79/762378/index.html.

［175］辽宁省企业权益保护条例［S/OL］. http://www.lnrd.gov.cn/important/ show-43023.html.

［176］辽宁省人民政府关于加强诚信政府建设的决定［S/OL］. http://wlgdj. jz.gov.cn/s_v_7009.html.

［177］内蒙古自治区深入推进供给侧结构性改革着力做好降成本工作实施方案 ［S/OL］. http://www.nmg.gov.cn/art/2016/9/13/art_4031_3675.html.

［178］内蒙古自治区优化营商环境工作实施方案［S/OL］. http://www.nmg.gov. cn/art/2020/6/24/art_7354_329104.html.

［179］内蒙古自治区人民政府办公厅关于印发贯彻落实全国深化"放管服"改革优化营商环境电视电话会议重点任务分工方案的通知［S/OL］.http://www.nmg.gov.cn/art/2019/12/11/art_1686_290856.html.

［180］呼和浩特市人民政府办公厅关于印发呼和浩特市优化营商环境工作实施方案的通知［S/OL］.http://www.huhhot.gov.cn/hhht_mobile/zwgk/szf_xxgk/201901/t20190103_402957.html.

［181］关于贯彻落实国务院降低实体经济企业成本工作方案任务分工的通知［S/OL］.http://m.law-lib.com/law/law_view.asp?id=560676.

［182］张洪林.提升政府公信力 打造诚信政府［J］.智富时代,2016（12）.

［183］中国财政科学研究院"降成本"课题组.降成本:2017年的调查与分析［J］.财政研究,2017（8）.

［184］本报编辑部.乘风破浪正当时［N］.青岛日报,2020-06-09.

［185］冯严超.中国经济"降成本"研究［J］.当代经济,2016（22）:22-23.

［186］王云平.振兴实体经济、壮大制造业的对策建议［J］.宏观经济管理,2017(11):34-39.

［187］程波辉.降低企业制度性交易成本:内涵、阻力与路径［J］.湖北社会科学,2017（6）.

［188］张杰.供给侧结构性改革之"降成本"七大举措［N］.证券日报,2016-04-16.

［189］国家发展和改革委员会产业经济与技术经济研究所课题组.降低我国制造业成本的关键点和难点研究［J］.经济纵横,2016（4）.

［190］傅志华,石英华,韩晓明,景婉博.依托信息化建设推进制度性成本综合改革——贵州省调研报告［J］.财政科学,2018（10）.

［191］中共中央国务院关于完善产权保护制度依法保护产权的意见［N］.人民法院报,2016-11-28.

［192］巫卫.我国个人征信系统建设探讨［J］.现代商贸工业,2008（12）.

［193］徐俊青,史新,商立光.山东省推进"放管服"改革调研报告［J］.机构与行政,2017（6）.

外文文献

［1］Aeberhardt, R. Ines Buono,Harald Fadinger. Learning, incomplete contracts and export dynamics: Theory and evidence from French firms［J］. Elsevier B.V.,2014（68）.

［2］Alchian, A.A. & H. Demsetz. Production, Information Costs, and Economic Organization［J］. The American Economic Association,1972,62（5）.

［3］Andrew, G. Communion and Covenant: A Theological Exploration［J］. Routledge,2008,8（2）.

［4］Anne,E. & B. Rathbone. Institutional Change in the Absence of the Rule of Law and Market Mechanisms［J］. Public Choice, 2006,128（1-2）.

［5］Bolognesi, T. & S. Nahrath. Environmental Governance Dynamics: Some Micro Foundations of Macro Failures［J］. Elsevier B.V.,2020（170）.

［6］Charles W. L. Hill. National Institutional Structures, Transaction Cost Economizing and Competitive Advantage: The Case of Japan［J］. INFORMS,1995,6（1）.

［7］Che,Y.K & D. Hausch. Cooperative Investments and the Value of Contracting: Coase vs.Wiliamson［J］. American Economic Review, 1999（89）:125-147.

［8］Coase, R. H.. The Nature of the Firm［J］. Economica, 1937, 4（16）:386-405.

［9］Coase, R.H.. The Problem of Social Cost［J］. Journal of Law and Economics, 1960（3）:1-44.

［10］Ellickson, R. Of Coase and Cattle: Dispute Resolution among Neighbors in Shasta County［J］. Stanford Law Review, 1986（38）:3.

［11］Grossman, S.J. & O. Hart. The Costs and Benefits of Ownership: A Theory of Vertical and Lateral Integration［J］. Journal of Political Economy, 1986,94（4）:691-719.

［12］Hall, R. & C. Jones. Why Do Some Countries Produce So Much More Output Per Worker Than Others?［J］. Quarterly Journal of Economics, 1999（114）:83-116.

［13］Hart, M.M. Cationic Exchange Reactions Involving Dilithium Phthalocyanine:

Thesis for the Degree of Master of Science［D］. Dayton: Wright State University, 2009.

［14］Hart, O. & J . Moore. Foundations of Incomplete Contracts［J］. Review of Economic, 1999（66）:115-138.

［15］Hart, O. & J .Moore. Incomplete Contracts And Renegotiation［J］. Econometrica,1988（56）:755-786.

［16］Hart, O. Firms, Contracts And Financial Structure［M］. Oxford :Oxford University Press,1995.

［17］Hart, O.& J. Moore. Property Rights and the Nature of the Firm［J］. Journal of Political Economy, 1990,98（6）:1119-1158.

［18］Holmsotrom B.R. & D.J. Tirole. The Theory of the Firm［M］. Yale University Press, 1989.

［19］Lundvall, B. National Innovation Systems—Analytical Concept and Development Tool［J］. Industry & Innovation,2007,14（1）:95-119.

［20］North, D. Structure and Change in Economic History［M］. New York: W. W. Norton & Co, 1981:7.

［21］Ola, B. Covenants in Venture Capital Contracts［J］. INFORMS,2011, 57（11）.

［22］Patrick,W. Schmitz. Incomplete contracts, the hold-up problem, and asymmetric information ［J］. Economics Letter, 2008,99（1）:119-122.

［23］Ross, S. The Economic Theory of Agency: The Principal's Problem［J］. American Economic Review, 1973（63）134-139.

［24］Shleifer,A.,and R. Vishny. Corruption［J］. Quarterly Journal of Economics, 1993（108）: 599-617.

［25］Stigler,G. The Theory of Economic R egulation［J］. Bell Journal of Economics and Management Science,1971（2）3-21.

［26］Thomas, R. B. IV. Spirit and Covenant Renewal: A Theologoumenon of Paul's Opponents in 2 Corinthians［J］. Society of Biblical Literature,2010,129（1）.

［27］Williamson O E. The Economic Analysis of Institutions and Organizations in General and with Respect to Country Studies［D］. OECD Economics

Department Working Papers, 1993（133）:1-78.

[28] Williamson OE. The Economic Institutions of Capitalism: Firms, Markets, Relational Contractin［J］.Social Science Electronic Publishing,1985,32（4）:61-75.

[29] Williamson, O E. New Institution Economics［J］. Social Science Electronic Publishing, 1998, 88（2）:72-74.

[30] Williamson, O. E. Tarek Ghani. Transaction cost economics and its uses in marketing［J］. Springer US,2012,40（1）.

[31] Williamson, O. E. The Mechanisms of Governance［M］. New York: Oxford University Press, 1996:12.

[32] Zhang Wuchang. The Contractual Nature of the Firm［J］. The Journal of Law & Economics, 1983（26）:1-5.

附录：降低制造业企业制度性交易成本的研究调查问卷

调查问卷

本问卷根据国家发展改革委关于降低制造业企业制度性交易成本的研究课题设计，仅用于该课题研究，敬请企业相关负责人真实填写。

1. 企业基本情况调查

1.1 贵企业所在省份：_____

1.2 贵企业主营业务所属行业分类：

A. 第一产业

B. 第二产业

C. 第三产业

1.2.1 若 1.2 选"B. 第二产业"，则贵企业主营业务所属制造业行业分类（可多选）：

A. 农副食品饮料加工制造业

B. 烟草制造业

C. 纺织皮革服装制造业

D. 木制品与家具制造业

E. 造纸印刷与文教体育用品制造业

F. 化学化工橡胶与塑料制造业

G. 医药制造业

H. 非金属矿物制造业

I. 金属制造业

J. 通用专用设备制造业

K. 交通运输设备制造业

L. 电气机械、仪器仪表制造业

M. 通信制造业

N. 工艺品及其他制造业

O. 废弃资源回收加工业

P. 其他（请在横线处填写）_____

1.3 贵企业成立时间：

A.2012 年及以前

B.2013 年

C.2014 年

D.2015 年

E.2016—2017 年

1.4 贵企业 2016 年的营业收入规模约为 _____ 万元。

1.5 与 2012 年（若企业成立晚于 2012 年，则与成立之初）相比，贵企业 2016 年营业收入是 2012 年的 _____ 倍。

1.6 贵企业最近三年（若成立时间少于三年，则从成立之初算起）的平均利润率约为 _____。

1.7 贵企业所属行业平均利润率约为 _____。

1.8 贵企业员工总数为 _____ 人。

2. 政府放权与服务调查

2.1 贵企业平均每年行政审批事项共多少件：

A. 10 件以内

B. 10~30 件

C. 30~50 件

D. 50 件以上

2.2 贵企业平均每项行政审批所需时长为：

A. 5 个工作日以内

B. 5~30 个工作日

C. 30~100 个工作日

D. 100 个工作日以上

2.3 每年行政审批事项的总数量与 2012 年（若企业成立晚于 2012 年，则与成立之初）相比如何变化？

A. 大幅上升

B. 少量上升

C. 基本不变

D. 少量下降

E. 大幅下降

F. 不确定如何变化

2.4 平均每项行政审批时长与 2012 年（若企业成立晚于 2012 年，则与成立之初）相比如何变化？

A. 大幅上升

B. 少量上升

C. 基本不变

D. 少量下降

E. 大幅下降

F. 不确定如何变化

2.5 行政审批形式与 2012 年（若企业成立晚于 2012 年，则与成立之初）相比是否有变化？

A. 有

B. 没有

2.5.1 如果 2.5 选"A. 有"，请在横线处填写如何变化：_____

_____

2.6 企业成立时，工商注册审批时限为 _____ 天。

2.7 贵企业是否需要申请土地审批？

A. 需要

B. 不需要

2.7.1 若 2.7 选"A. 需要"，贵企业 2012 年及以前土地审批时限平均为 _____ 天。

2.7.2 若 2.7 选"A. 需要"，贵企业 2012 年以后土地审批时限平均为

_____ 天。

2.8 贵企业是否需要申请建筑规划与建筑施工审批?

A. 需要

B. 不需要

2.8.1 若 2.8 选 "A. 需要",贵企业 2012 年及以前建筑规划与建筑施工审批时限平均为 _____ 天。

2.8.2 若 2.8 选 "A. 需要",贵企业 2012 年以后建筑规划与建筑施工审批时限平均为 _____ 天。

2.9 贵企业还需要其他哪些主要审批?

_____

2.9.1 贵企业 2012 年及以前上述其他主要审批时限平均为 _____ 天。

2.9.2 贵企业 2012 年以后上述其他主要审批时限平均为 _____ 天。

3. 行政事业性收费调查

3.1 贵企业评估支出最多的项目前三位为:

A. 安全评估检验

B. 职业卫生

C. 土地

D. 规划

E. 环评

F. 消防

G. 能耗

H. 其他(请在横线处填写)_____

3.2 贵企业评估支出(如环保类缴费、消防安全评估等)占总成本的比例为:

A. 2% 以下

B. 2%~5%

C. 5%~10%

D. 10% 以上

3.3 贵企业评估支出占总成本的比重与 2012 年及以前(若企业成立晚于 2012 年,则与成立之初)相比如何变化?

A. 大幅上升

B. 少量上升

C. 基本不变

D. 少量下降

E. 大幅下降

F. 不确定如何变化

3.4 贵企业评估支出占总成本的比重与 2012 年及以前（若企业成立晚于 2012 年，则与成立之初）相比变化幅度为 ＿＿＿＿＿＿＿＿＿＿ %。

3.5 贵企业行政审批类支出占总成本的比例为：

A. 2% 以下

B. 2%~5%

C. 5%~10%

D. 10% 以上

3.6 贵企业行政审批类支出占总成本的比重与 2012 年及以前（若企业成立晚于 2012 年，则与成立之初）相比如何变化？

A. 大幅上升

B. 少量上升

C. 基本不变

D. 少量下降

E. 大幅下降

F. 不确定如何变化

3.7 贵企业行政审批类支出占总成本的比重与 2012 年及以前（若企业成立晚于 2012 年，则与成立之初）相比变化幅度为 ＿＿＿＿＿＿＿＿＿＿ %。

3.8 贵企业出厂产品检验检疫支出占总成本的比重为 ＿＿＿＿＿＿ 。

A. 5% 以下

B. 5%~10%

C. 10%~20%

D. 20% 以上

3.9 贵企业出厂产品检验检疫支出占产品总成本的比重与 2012 年及以前（若企业成立晚于 2012 年，则与成立之初）相比如何变化？

A. 大幅上升

B. 少量上升

C. 基本不变

D. 少量下降

E. 大幅下降

F. 不确定如何变化

3.10 贵企业出厂产品检验检疫支出占总成本的比重与 2012 年及以前（若企业成立晚于 2012 年，则与成立之初）相比变化幅度为 ＿＿＿＿＿＿＿＿＿＿＿＿％。

3.11 贵企业每年维护政商关系花费金额总计 ＿＿＿＿＿＿＿＿＿＿＿＿＿＿＿＿元。

3.12 贵企业维护政商关系的年均开销与 2012 年及以前（若企业成立晚于 2012 年，则与成立之初）相比如何变化？

A. 大幅上升

B. 少量上升

C. 基本不变

D. 少量下降

E. 大幅下降

F. 不确定如何变化

3.13 贵企业每年维护政商关系花费的金额与 2012 年及以前（若企业成立晚于 2012 年，则与成立之初）相比变化幅度为 ＿＿＿＿＿＿＿＿＿＿＿＿万元。

4. 市场环境调查

4.1 贵企业进入其他地区市场时是否面临当地的地方保护性限制？

A. 是

B. 否

4.2 如果 4.1 选"A. 是"，请选择地方保护性限制的分类：

A. 限定性经营（只允许本地企业经营）

B. 设置壁垒（通过强制收费等方式增加经营成本）

C. 行政性垄断

D. 干预执法

4.3 进入其他地区市场面临的地方保护性限制与 2012 年及以前（若企业成

立晚于 2012 年，则与成立之初）相比如何变化？

    A. 地方保护性限制大幅增加

    B. 地方保护性限制少量增加

    C. 地方保护性限制基本不变

    D. 地方保护性限制少量减少

    E. 地方保护性限制大幅减少

    F. 不确定如何变化

4.4 进入其他地区市场时因地方保护壁垒造成的成本增加占总的增加成本的比例为：

    A. 5% 以下

    B. 5%~10%

    C. 10%~20%

    D. 20% 以上

4.5 地方保护壁垒造成的成本增加占比与 2012 年及以前（若企业成立晚于 2012 年，则与成立之初）相比如何变化？

    A. 大幅上升

    B. 少量上升

    C. 基本不变

    D. 少量下降

    E. 大幅下降

    F. 不确定如何变化

4.6 贵公司具有知识产权的专利产品与品牌在当地是否被保护？

    A. 保护很完善

    B. 基本得到保护

    C. 基本没有保护

    D. 完全没有保护

    E. 不确定是否得到保护

4.7 当地是否具有公开的企业信用信息系统？

    A. 是

    B. 否

4.8 如果 4.7 选"A. 是",获取其他企业信用信息的难度与 2012 年（若企业成立晚于 2012 年，则与成立之初）相比如何变化？

A. 大幅上升

B. 少量上升

C. 基本不变

D. 少量下降

E. 大幅下降

F. 不确定如何变化

4.9 当地经营相关的诚信水平与 2012 年（若企业成立晚于 2012 年，则与成立之初）相比如何变化？

A. 大幅上升

B. 少量上升

C. 基本不变

D. 少量下降

E. 大幅下降

F. 不确定如何变化

4.10 企业遇到商业纠纷时，解决纠纷的时限大约为 _____ 天。

4.11 企业遇到商业纠纷时，解决纠纷的成本占到总成本的比例为：

A. 5% 以下

B. 5%~10%

C. 10%~20%

D. 20% 以上

4.12 与 2012 年及以前相比，企业遇到商业纠纷时，解决纠纷的时限如何变化？

A. 大幅上升

B. 少量上升

C. 基本不变

D. 少量下降

E. 大幅下降

F. 不确定如何变化

4.13 与 2012 年及以前相比，企业遇到商业纠纷时，解决纠纷的成本如何变化？

A. 大幅上升

B. 少量上升

C. 基本不变

D. 少量下降

E. 大幅下降

F. 不确定如何变化

4.14 政府是否为企业培训员工提供补贴？

A. 是

B. 否

4.15 若 4.14 选 "A. 是"，贵企业获得的补贴额度为人均 _____ 元。

5. 开放性问题

5.1 贵企业认为当前政府在"放管服"政策改革中哪些方面做得比较好？

5.2 贵企业在简政放权、提高政府服务质量、降低行政事业性收费、完善产品质量检验检疫、保护知识产权、优化市场环境等方面还有哪些建议？

后　记

2016 年国务院印发《降低实体经济企业成本工作方案》（国发〔2016〕48 号），明确提出采取针对性、系统性措施，着力降低制度性交易成本，优化企业发展环境，助推企业转型升级，进一步提升产业竞争力，增强经济持续稳定增长动力。为深入贯彻落实上述文件精神，2017 年国家发展改革委经济运行调节局开展降成本研究课题公开征集活动，国家信息中心承担了其中的"降低制度性交易成本的潜力测算和实施路径"课题研究。

课题组接到研究工作后，认真研究课题核心要求与研究目的，确立了采用规范与实证分析相结合、理论与实际调研相结合的研究方法，通过实地调研、调查问卷等形式，针对不同地域、不同发展程度、不同产业进行研究，分区域、分企业规模得出党的十八大以来降低企业制度性交易成本的成效，测算潜力并提出进一步降低制度性交易成本的建议路径。